内河助航仪器

邵文超　主　编
菅永坤　副主编
范晓飚　主　审

人民交通出版社股份有限公司
China Communications Press Co.,Ltd.

内 容 提 要

本书共七章,包括船用磁罗经、全球卫星导航系统、船用测深仪、船用计程仪、船用 VHF 无线电通信、船舶自动识别系统(AIS)和船用雷达。

本书可作为内河航海院校航海技术专业、船员培训和相近专业"航海仪器"课程指定教材,也可作为内河船舶驾驶员、航海院校相关教师、研究生和科研人员的常备参考用书。

图书在版编目(CIP)数据

内河助航仪器 / 邵文超主编. — 北京：人民交通出版社股份有限公司, 2018.12
ISBN 978-7-114-15271-9

Ⅰ. ①内… Ⅱ. ①邵… Ⅲ. ①内河航道—助航设备 Ⅳ. ①U644.34

中国版本图书馆 CIP 数据核字(2018)第 293767 号

书　　名	内河助航仪器
著 作 者	邵文超
责任编辑	张　淼
责任校对	刘　芹
责任印制	张　凯
出版发行	人民交通出版社股份有限公司
地　　址	(100011)北京市朝阳区安定门外外馆斜街 3 号
网　　址	http://www.ccpress.com.cn
销售电话	(010)59757973
总 经 销	人民交通出版社股份有限公司发行部
经　　销	各地新华书店
印　　刷	中国电影出版社印刷厂
开　　本	787×1092　1/16
印　　张	6.25
字　　数	141 千
版　　次	2018 年 12 月　第 1 版
印　　次	2018 年 12 月　第 1 次印刷
书　　号	ISBN 978-7-114-15271-9
定　　价	28.00 元

(有印刷、装订质量问题的图书由本公司负责调换)

前言

"内河助航仪器"是内河航海技术专业的核心专业课程之一。2014年9月,国务院印发《关于依托黄金水道推动长江经济带发展的指导意见》,部署将长江经济带建设成为具有全球影响力的内河经济带、东中西互动合作的协调发展带、沿海沿江沿边全面推进的对内对外开放带和生态文明建设的先行示范带。长江黄金水道功能地位日益凸显,随之而来的是内河船舶大型化、现代化、高速化,因此内河助航仪器的数字化、集成化和智能化也紧随其后,从多年前的独立模式逐渐向综合驾驶一体化转变。为了实时跟踪内河助航仪器的发展新动态,实现理论教学和实训教学的融合,体现"产教融合,工学结合",使理论教学更加贴近内河船舶驾驶实践,本书在广泛调研和研究的基础上,结合《中华人民共和国内河船舶船员适任考试大纲》和《中华人民共和国船舶安全检查规则》等标准和资料,从仪器结构、工作原理、误差分析、安全检查和操作与维护等方面对内河助航仪器进行全面系统的阐述,并在最后配有练习题。

本书为重庆交通职业学院规划教材,共有7章,由邵文超主编,菅永坤副主编。第一章~第四章由邵文超编写;第五章~第七章由菅永坤编写。

本书在编写过程中,参阅大量国内相关研究成果、著作、教材、设备技术资料,并得到了重庆交通职业学院交通运输学院专业指导委员会赵刚主任的指导,重庆交通职业学院的杨斯晴老师为本书制作了大量的配图,人民交通出版社股份有限公司为本书的顺利出版提供了帮助,在此一并表示衷心的感谢。

由于作者水平有限,本书在编写过程中难免存在不足之处,恳请业界同仁给予批评指正。

编 者
2018年11月

目录 CONTENTS

第一章 船用磁罗经 1
  第一节 磁的基本知识 1
  第二节 磁罗经结构 3
  第三节 磁罗经的检查与使用 7

第二章 全球卫星导航系统 8
  第一节 卫星导航基础 9
  第二节 GPS 卫星导航系统 11
  第三节 北斗卫星导航系统 19
  第四节 内河卫星导航仪的主要操作 24

第三章 船用测深仪 29
  第一节 回声测深仪工作原理 29
  第二节 回声测深仪的组成 30
  第三节 回声测深仪的操作 32

第四章 船用计程仪 34
  第一节 计程仪的作用 34
  第二节 计程仪组成及工作原理 34

第五章 船用 VHF 无线电通信 39
  第一节 概述 39
  第二节 VHF 无线电话的使用和操作 43

第六章 船舶自动识别系统（AIS） 47
  第一节 AIS 系统组成与功能 47
  第二节 AIS 的操作 54

第七章 船用雷达 57
  第一节 雷达目标探测与显示基本原理 57
  第二节 内河船舶导航雷达配备要求 70
  第三节 船用雷达的操作 71

习题 77

参考文献 94

目录

第一章 船用磁罗经

磁罗经由中国古代"四大发明"之一的指南针逐渐演变发展而成,其工作原理是利用地磁场与磁针相互作用而使罗盘指向地磁北极。磁罗经具有结构简单、工作性能可靠、不依赖电源、不易损坏和价格低廉等优势,是船上必备的助航仪器之一。

第一节 磁的基本知识

一、磁性与磁铁

自然界里有一种矿石(Fe_3O_4),它能够吸引铁、镍、钴等材料,这种特性称为磁性,具有这种性质的金属材料可以称为磁铁。磁铁分为天然磁铁和人造磁铁,目前的各种形状的磁铁均为人造磁铁,即用人工方法将铁、镍、钴、钨等金属材料或他们的合金经磁化而制成,根据需要可以把磁铁做成各种形状,磁罗经中所使用的是条形磁铁(磁钢)。

二、磁极

磁铁中磁性最强的地方称为磁极。磁铁中部无磁性的区域叫作中性区,条形磁铁的磁极位置如图 1-1 所示,通常称为"磁棒"。

左右磁极的位置分别距离两端 $L/12$,将条形磁铁自由悬挂起来,一段时间后它将处于静止状态,指向北的磁极称为北极,用"N"表示,其磁量用 $+m$ 表示,并涂成红色,指向南的磁极称为南极,用"S"表示,其磁量用 $-m$ 表示,并涂成蓝色。

三、磁场

对放入其中的磁体有磁力的作用的物质叫作磁场,可以用磁力线来描述。如图 1-2 所示。

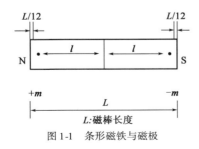

图 1-1 条形磁铁与磁极

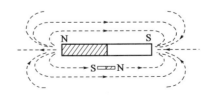

图 1-2 铁磁体磁化

在磁铁的外部，磁力线是从磁铁的 N 极出发，经过外面空间回到磁铁 S 极，再经磁铁内部到 N 极形成闭合曲线。磁力线上某点的磁力线的切线方向就是该点的磁场强度 H 的方向。

四、磁化与去磁

自然界内的物质可分为磁性物质和非磁性物质。

磁性物质在外磁场的作用下会呈现出较强的磁性，这种现象称为磁化。当外磁场消失后，磁性物质仍具有一定的磁性，由此产生的磁场强度 H 称为磁感应强度 B，即 $H=0,B\neq 0$，那么这个 B 就称为剩磁。这种 B 的变化落后于 H 变化的现象叫作磁滞现象。为消除剩磁，必须加一反向磁场，当使磁感应强度 B 降为零时，所加的反向磁场 H 称为矫顽力，它表示磁性物质抵抗去磁的能力。

磁性物质就可以按照其保留磁性能力的大小分为硬铁磁性材料和软铁磁性材料两类。硬铁磁性材料需要由较强的外磁场磁化，一经磁化后，其剩磁可保留较长时间不易消失，即硬铁磁性材料的特点是剩磁和矫顽力均较大；而软铁磁性材料则相反。

使原来具有磁性的物体失去磁性的过程称为去磁也叫退磁。

去磁的方法有：

(1) 加一与磁体原来磁化方向相反的、磁感应强度适当的外磁场。
(2) 把磁体置于一个强度逐渐减小的交变磁场中。
(3) 加热使分子热运动加剧，因分子电流方向不一致而失去磁性。
(4) 把该磁体放在地上多摔几次。

五、地磁场

地磁场是指地球内部存在的天然磁性现象。地球可视为一个磁偶极，其中一极位在地理北极附近，另一极位在地理南极附近。通过这两个磁极的假想直线（磁轴）与地球的自转轴大约成 11.3°的倾斜，其地理位置逐年缓慢变化，围绕地球空间的磁力线是从南半球走向北半球的，如图 1-3 所示。

地球上任意一点的地磁场方向，可用一根自由悬挂的顺着地磁总力 T 指向的磁针来测定。通过磁针磁轴的垂面，称为该地的磁子午面，磁子午面与地理子午面的水平夹角，称为磁差，如图 1-4 所示。

图 1-3　地磁场

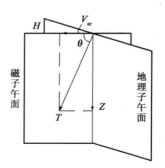

图 1-4　地磁要素

将地磁总力 T 分解为作用于磁子午面的水平磁力 H 和垂直磁力 Z，即得：

$$\left.\begin{array}{l} H = T\cos\theta \\ Z = T\sin\theta \end{array}\right\} \tag{1-1}$$

水平磁力 H 和地磁总力 T 之间的夹角 θ，称为磁倾角。在地球表面上，磁倾角为零的各点的连线称为磁赤道。

地磁水平磁力 H、磁倾角 θ 和磁差称为地磁三要素。

在水平磁力 H 的作用下，罗盘 000° 指向磁北。水平磁力 H 在磁赤道处最大，而垂直磁力 Z 在磁赤道处为零。在磁极处，垂直磁力 Z 为最大，水平磁力 H 却为零，因此导致磁罗经在磁极附近是不能指向的。

第二节 磁罗经结构

一、磁罗经的分类

1. 按用途和安装位置划分

(1) 标准罗经：安装在罗经甲板的船首尾线上，并为水平视界最大之处，用以指示航向，观测方位及校正操舵罗经等。

(2) 操舵罗经：安装在驾驶台操舵轮的正前方，并在船的首尾线上，供舵工航行时观测航向用。

(3) 应急罗经：安装在船尾舵机间前面的船首尾线上，以便在舵机失灵使用应急舵航行时观测航向用。

(4) 艇用罗经：救生艇上所用的小型液体罗经。

2. 按罗经盆内所填充的物质划分

(1) 干罗经：罗经盆内是干的。这是一种比较陈旧的罗经，现已被淘汰。

(2) 液体罗经：罗经盆内充满了液体，罗盘沉浸在液体中，因液体的阻尼作用，当船舶摇摆时，罗盘的指向稳定性好。另外，由于液体浮力的作用，可减少轴针与轴帽间的摩擦力，提高了罗盘的灵敏度。这种罗经目前已广泛使用。

3. 按罗经的构造形式划分

(1) 反射式罗经：在标准罗经上加设反射装置并通到驾驶台，以代替操舵罗经供操舵用。反射式罗经目前已被广泛采用。

(2) 按罗盘的直径可分为：常用的有 190mm 型、165mm 型、130mm 型三种罗盘直径的罗经。190mm 罗经安装在中大型船舶上，165mm 和 130mm 罗经安装在中小型船舶上。

还有立式磁罗经、台式磁罗经、可移式磁罗经。

二、磁罗经的结构

各种类型的船用磁罗经主要由罗经柜、罗盆和自差校正器组成。如图 1-5 所示。

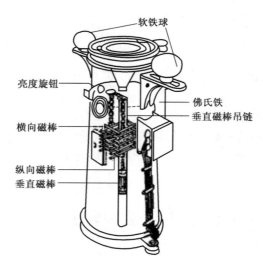

图1-5 罗经柜

1. 罗经柜

罗经柜是用非磁性材料制成的,用来支撑罗盆和安放消除自差校正器,在罗经柜的顶部有罗经帽,它可以保护罗盆,使其避免雨林和阳光照射,以及在夜航中防止照明灯光外露。

2. 罗盆

罗盆是磁罗经的指向部分。罗盆由罗盆本体和罗盘两部分组成。

罗盆系铜制,罗盆顶部有一玻璃盖,其边设有橡皮圈,并用铜环压紧以保持水密。罗盆重心均较低,以使罗盆在船摇摆时,能保持水平。

罗盆内充满液体,通常为45%的酒精与55%蒸馏水的混合液(有些罗经采用煤油),酒精的作用是为了降低冰点。在罗盆的侧壁有一注液孔,供灌注液体以排除罗盆内气泡。注液孔平时由螺丝旋紧以保持水密。

在罗盆内,其前后均装有罗经基线,位于船首方向的称为首基线,当首基线位于船首尾面内时,其所指示的罗盘刻度即为本船的航向。

罗盆还采取了用以调节盆内液体热胀冷缩的措施。有些罗经在其罗盆底部装有铜皮压成的波纹形的皱皮,用以调节罗盆内液体的膨胀与收缩。有的罗经,其罗盆分为上下两室,如图1-6所示。

其上室安放罗盆,并充满液体;下室液体不满,留有一定的空间,由毛细管联通罗盆的上下两室。当温度升高时,上室液体受热膨胀,一部分液体通过毛细管流到下室;反之,当温度降低,上室液体收缩时,在大气压力下,由下室又向上室补充一部分液体,起到调节液体热胀冷缩的作用,避免上室出现气泡。还可以利用硅胶或透明

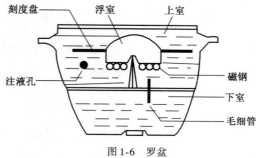

图1-6 罗盆

橡胶制的底部来保证热胀冷缩时液体的可膨胀余量,这种罗经一般只有一个室。

3. 自差校正器

罗经柜正前方有一竖筒,筒内根据需要放置长短不一的佛氏铁块,用以消除自差。

罗经柜左右正横两侧放有软铁球或软铁片盒的座架,软铁球或软铁片的中心位于磁针平面内。罗盆放置在水平环,以便在船体倾斜时仍保持水平。罗经柜的上部装有照明灯,以便夜航时观察航向。

在罗经柜内位于罗盆中心的正下方装一垂直铜管,其内部放置消除倾斜自差的垂直磁铁并由吊链拉动可上下移动。此外,罗经柜内还有放置纵横磁铁的架子,用以安装磁铁,从而改变其对罗经产生的纵向和横向的水平力的大小。

三、方位仪

方位仪是一种配合罗经用来观测物标方位的仪器。通常有方位圈、方位镜、方位针等几种。方位圈如图1-7所示。

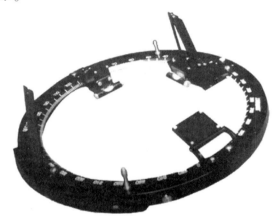

图1-7 方位圈

它由铜制成,有两套互相垂直观测方位的装置。其中一套装置由目视照准架组成。在物标照准架中间有一竖直线,其下部有天体反射镜和棱镜。天体反射镜用来反射天体(如太阳)的影像,而棱镜用来折射罗盘的刻度。目视照准架为中间有细缝隙的竖架。当观测者从细缝中看到物标照准架和物标重合时,物标照准架下三棱镜中的罗盘刻度,就是该物标的罗经方位。这套装置既可观测物标方位,又可观测天体方位。

另一套装置由可旋转的凹面镜和允许细缝管线通过的棱镜组成,专门用来观测太阳的方位。若将凹面镜朝向太阳,使太阳聚成一束的反射光经细缝和棱镜的折射,投影至罗盘上,则光线所照亮的罗盘的刻度即为太阳的方位。

方位仪上有水准仪,在观测方位时,应使气泡位于中央位置,提高观测方位的精度。

四、磁罗经的自差

船体是由许多钢板和钢材按一定线型组装的集合体,在船上还装置有主机、发电机、舵机、起货机和起锚机等大型钢铁材料,这些钢铁都是强磁性材料。船舶在建造期间,船上硬铁部分受磁场磁化而变成了磁铁。由于硬铁保持磁性较强的缘故,在船舶航行时仍有一部分磁性被保留了下来,这部分称为永久船磁。船上的软铁部分,虽受地磁磁化获得了磁性,但它没有永久保留下来,随外界磁场的变化而变化,称为感应船磁,永久船磁和感应船磁统称为船磁,使得磁罗经的指北端偏离了磁北一定的角度,这个偏差就叫作自差。显然,由船磁对罗经作用产生的自差的大小和性质,与船舶所在的地理位置、船舶的航向以及船舶是否有倾角有着密切的关系。

五、内河船舶安全检查对磁罗经的要求*

1. 配备要求(表 1-1)

配 备 要 求　　　　　　　　　　　　　　　　表 1-1

序号	航行设备名称	航区	客船(类别)			货船(GT)			推(拖)船(kW)		
			第1、2类	第3、4类	第5类	≥1000	300≤<1000	<300	≥883	368≤<883	<368
1	磁罗经	A	1	1	1	1	1	1	1	1	1
		B	1	1		1	1		1	1	

2. 技术要求

(1)磁罗经的刻度盘上应有从 000°或 360°顺时针的 360°的分度;刻度盘直径大于 130mm 时,分度间隔为 1°;刻度盘直径等于或小于 130mm 时,分度间隔为 2°;刻度盘直径等于 75mm 时,分度间隔为 5°。

(2)磁罗经应以 10°间隔标示数码。主点方位应采用大写字母 N、E、S 和 W 表示,隅点方位如有表示应采用 NE、SE、SW 和 NW。北方位亦可采用合适的图案表示。

(3)磁罗经罗盘的玻璃应光洁明亮,且不应有气泡;罗盘存液后应绝对水密;罗盘内存液体应无色透明,且不应有沉淀物。

(4)操舵罗经的刻度盘应能在日光或灯光下从 1.4m 距离处清晰可读,允许使用放大镜。

(5)安装在船上的磁罗经每年应至少进行一次自差校正,并编制自差表,自差表或剩余自差曲线应随时可用。

3. 检查要点

(1)是否按规定配备磁罗经。对照《检查证书簿》记载内容检查配备的磁罗经型号是否一致,必要时查阅产品证书。

(2)磁罗经罗盘的玻璃应光洁明亮,罗盘内液体不应有气泡存在;罗盘内液体无色透明,且不应有沉淀物。观测罗盆内液体(酒精)中是否存在气泡,是否有沉淀物。

----

* 指《船舶与海上设施法定检验规则内河船舶法定检验技术细则(2011)》及《船舶与海上设施法定检验规则内河船舶法定检验技术规则(2015 修订通报)》内的要求。

(3)每年进行一次磁罗经的自差校正,并编制自差曲线表,自差表或剩余自差曲线应随时可用。查阅船舶保存的磁罗经自查表。

第三节　磁罗经的检查与使用

一、磁罗经的检查与维护

(1)罗盆在常平环中应能保持水平。

(2)消除罗盆内气泡:罗盆产生气泡的原因主要有两种,其一是罗盆不水密,液体渗出,空气进入罗盆;其二是因空气从浮室中逸出所导致。气泡对观察航向和测定物标方位均会产生误差,必须消除。消除气泡的方法是:将罗盆注液孔朝上,旋出其螺丝,仔细鉴别罗盆内液体,可先取出一点罗盆内液体与待注入液体少量混合,静置一段时间,观察是否浑浊,方可注入,直至气泡完全消除为止。

(3)罗盆的刻度盘不允许有凹凸不平;罗经液体应无色透明且无沉淀。

(4)检查罗经的灵敏度。可在船固定于码头、船上岸上机械不工作且自差不大的情况下检查。先观看基线所指的读数,然后用小铁块引开罗经偏转 $2°\sim3°$,等铁块拿开后,看罗经罗盘能否回到原来读数,如偏离超过 $0.2°$,则表示轴针或轴帽摩擦力加大,应更换轴针或轴帽。

(5)检查罗盘的轴心是否位于罗盆的中心。旋转罗盆时,若罗盘边缘与罗盆内壁间距不相等,则说明罗盘的轴心偏离罗盆中心。若偏离过大以致罗盘摩擦罗盆,应修理轴针和轴帽。

(6)检查基线,在船舶修理过后,一般为了修理驾驶台,往往需要把罗经柜拆去重装,所以对船舶的罗经船首尾基线加以检查。

(7)检查校正磁棒是否生锈和消磁。在校正磁罗经时检查,若磁棒生锈和消磁应换新。

二、磁罗经的使用注意事项

(1)使用罗经时,不得随身携带铁器,并检查磁罗经附近有无大型铁器的增减,以免影响磁罗经的指向。

(2)在风浪中观测物标时,应在涌浪中当罗经保持水平时,读出方位读数。

(3)适当地调节反射或投影罗经的光学透镜装置的焦距,以使航向刻度更加清晰。

第二章　全球卫星导航系统

卫星导航系统起源于 20 世纪 60 年代，美国和苏联出于政治和军事目的，相继建立了卫星导航系统，美国 1964 年建成了海军子午仪导航系统，苏联 1968 年建成了奇卡达卫星导航系统。早期的卫星导航系统由于设计及技术所限，卫星覆盖范围有限，导航定位的精度不高且实时性较差。随着科技和经济的发展，美国和俄罗斯于 20 世纪 90 年代先后建成 GPS 和 GLONASS 卫星导航系统，卫星导航系统也由军用逐步拓展到民用，并渗透到国家建设的众多领域。为了打破卫星导航系统被少数国家垄断的局面，中国、日本、欧盟、INMARSAT、ICAO 等国家或国际组织也正在积极参与研究并发展具有自主权利的卫星导航系统。

目前，主要的卫星导航系统有美国建立的 GPS 卫星导航系统、俄罗斯建立的 GLONASS 卫星导航系统、中国研制的北斗卫星导航系统、欧盟研制的伽利略卫星导航系统。

上述卫星导航系统，都由地面站、导航卫星和用户设备组成，如图 2-1 所示。

图 2-1　卫星导航系统的组成

地面控制站实现对卫星进行实时跟踪控制，空间(导航)卫星用于发射导航信号。用户设备，即卫星接收机，是位于用户载运体上接收卫星信号实现导航功能。

当然，卫星导航系统也存在一些不足：地面工程及卫星设备投入巨大，维持费用高，卫星寿命有限；有些卫星导航系统不能提供连续、实时导航定位或只能实现区域导航定位；卫星轨道有漂移，需要增加扰动补偿系统，需要地面站精确测定与预报卫星轨道参数；卫星导航系统还不能为水下导航；卫星导航系统仍然受少数国家的垄断和控制，服务于所有国的最高利益，一旦发生战争则可能无法为全球提供可靠的导航服务。

第一节 卫星导航基础

一、卫星轨道参数

卫星轨道是指卫星绕地球运行的路径。根据开普勒定律可知,卫星绕地球运动的轨道是一个椭圆,地球的球心位于这个椭圆的一个焦点上。描述卫星运动轨道一般采用 6 个基本参数,即轨道倾角 i、升交点赤经 Ω、近地点张角 ω、轨道长半轴 a、轨道偏心率 e 和平近点角 γ 等来表示轨道的形状、大小、轨道面在空间的位置和卫星某一瞬间在轨道上的位置,如图 2-2 所示。

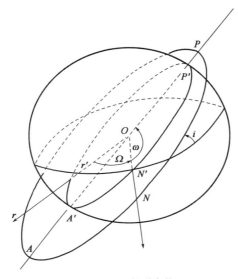

图 2-2 卫星轨道参数

(1)轨道倾角 i:卫星轨道平面与地球赤道平面的夹角,面向升交点,由赤道面逆时针方向算,范围 0°~180°。

(2)升交点赤经 Ω:从春分点在赤道上的投影向东至升交点在地球上的投影的角距,范围 0°~360°。

(3)近地点张角 ω:在轨道平面内,由升交点沿卫星运动方向到轨道近地点的角距。

(4)轨道长半轴 a:近地点与远地点连线的一半长度。

(5)轨道偏心率 e:卫星轨道椭圆短半轴与长半轴之比。

(6)平近点角 γ:卫星与地心的连线和近地点与地心的连线之间的夹角。

上述参数是卫星运动无摄动的固定参数,实际上卫星是沿开普勒平均轨道作不规则的摄动运动的,轨道参数随时在变,这样的轨道称为摄动轨道。

二、卫星地心的直角坐标系

不同的卫星导航系统,由于选定的地球椭球的形状、大小及定位定向的方式不同,形成了各自不同的卫星导航系统坐标系,如 GPS 采用的是 WGS-84 坐标系,北斗采用的是 CGCS2000 坐标系。此外还有如 WGS-72、BJ-54、EUROPEAN-1950、TOKYO-1841、SGS-90、PZ-90 等几百个不同的坐标系。在使用卫星导航仪输出位置坐标时,应采用所使用海图的测地坐标系。

为了描述用户和卫星的三维空间位置,我们通常需要建立卫星的地心直角坐标系,如图 2-3 所示。

其原点取在地球旋转椭圆球体的质心 O、X、Y 轴位于赤道面上,OX 轴指向格林经线 $0°$,Y 轴在 X 轴以东 $90°$,Z 轴垂直于赤道平面与地轴重合并且与 X、Y 轴形成右手坐标系。

在定位导航时,为了便于计算,我们均采用地心直角坐标系的三维坐标来表示卫星(X_S,Y_S,Z_S)和用户(X,Y,Z)的位置,在输出用户定位结果时还必须将地心直角坐标系的位置转换成常用的地理坐标系(纬度、经度、高程)。

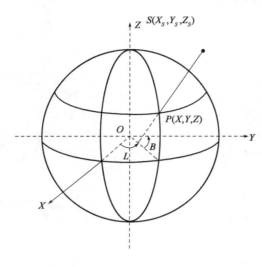

图 2-3　卫星地心直角坐标系

三、卫星定位时间系统

卫星定位是建立在无线电信号传播延时的基础上,把时间延时转化成距离量,使得纳秒级的时间误差都会引起米级的距离误差。因此,卫星导航系统需要卫星、地面控制站和接收机设备之间的时间高度稳定和同步。理论上,任何一个周期运动,只要其运动周期是恒定且可观测的,都可以作为时间的尺度。每一个卫星定位系统都有自己的时间参考系统。GPS 时间系统属于原子时系统,其秒长与原子时相同,但由于与国际原子时的起点不同,因此 GPS 时间比国际原子时在任意瞬间均慢 19s。而规定 GPS 时间与世界协调时(UTC)的时刻在 1980 年 1 月 6 日零时相一致,其后随着时间的累积,两者之间的差异将是秒的整数倍,差异通过时间服务部门定期公布。

四、卫星信号覆盖范围

卫星信号覆盖区范围也称卫星覆盖区是指卫星可见的地球表面,如图 2-4 所示。

卫星 S 的轨道高度为 H,P 为星下点,SA 和 SB 为卫星引向地球的切线方向,以 PA 为半径在地球表面作圆,这个范围(图中阴影部分)的面积即为卫星覆盖区。显然,卫星的高度 H 越高,卫星覆盖区越大,但当卫星升到一定高度时,覆盖面积几乎不再增加。

当测者位于 A 或 B 处时,卫星处于测者地平线上,卫星仰角 $\beta=0$,是测者能观测到卫星的极限位置,此时卫星

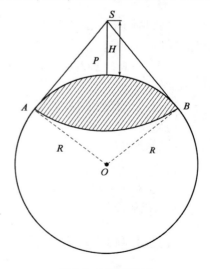

图 2-4　卫星覆盖区

信号的对流层折射误差较大,为了保证定位精度,导航定位时选用卫星的仰角 $\beta \geq 5°$,该仰角 β 称为卫星最小仰角,考虑最小仰角,则卫星覆盖区变小。

第二节　GPS 卫星导航系统

GPS 是一种测距定位系统,用户通过测定卫星信号到用户的传播延时,得到电波在空间的传播时间,经过换算,即可得到用户到卫星的距离。具体定位时,用户只需测量到 3 颗卫星的距离便可以得到以卫星为球心、以卫星到用户的距离为半径的三个球面,其焦点即为用户的三维空间位置。

为了求解用户的位置,卫星发射信号时的位置必须精确已知,用户通过接收 GPS 卫星发射的卫星电文所包含的卫星星历来获得卫星位置。

一、定位原理

1. 伪测距

用户利用卫星导航仪测得的距离将受到以下两个方面因素的影响:

(1)卫星及用户的时钟偏差。测距的实质是测延时(电波传播时间),统一而精确的时间基准对于测量的精度至关重要。GPS 卫星均采用高精度的原子钟,精度可达 $(0.1 \sim 10) \times 10^{-13}$ s/d,但其误差随时间累积,这个误差将反映到用户的测量误差中。作为用户,一般无精确的时钟,其所测量的延时中将包含较大的用户时钟误差。

(2)信号传播延时。卫星信号传播到用户过程中要经过电离层和对流层的折射,信号传播速度和路径发生变化,由此产生了信号传播延迟,这个延迟也将带来用户测量时间的误差。

综合以上因素,用户利用 GPS 接收机测得的距离不是用户到卫星的真距离,称为"伪距离",测量伪距离称为伪测距。

2. 定位解算原理

考虑到用户测得的到卫星的距离为伪距离,可以用下式表述用户的实际观测方程:

$$r_i^* = r_i + C(\Delta t_{Ai} - \Delta t_{si}) + C\Delta t_u \tag{2-1}$$

式中: r_i^* ——用户所测的第 i 颗卫星的伪距离;

　　　r_i ——用户到第 i 颗卫星的真实距离;

　　　C ——光速;

　　　Δt_{Ai} ——信号传播延迟;

　　　Δt_{si} ——卫星 i 的时钟偏差;

　　　Δt_u ——用户的时钟偏差。

将真实距离 $r_i = \sqrt{(x-x_{Si})^2 + (y-y_{Si})^2 + (z-z_{Si})^2}$ 代入式(2-1)则:

$$r_i^* = \sqrt{(x-x_{Si})^2 + (y-y_{Si})^2 + (z-z_{Si})^2} + C(\Delta t_{Ai} - \Delta t_{si}) + C\Delta t_u \qquad (2\text{-}2)$$

式中：x、y、z——用户的三维位置坐标；

x_{Si}、y_{Si}、z_{Si}——卫星的三维位置坐标。

为了求解用户的三维位置：

(1) 卫星的三维坐标 x_{Si}、y_{Si}、z_{Si} 可通过接收卫星导航电文中的卫星星历获得。

(2) GPS 卫星在发射给用户的卫星电文中提供卫星时钟偏差校正参量，即 Δt_{si} 可以获得。

(3) GPS 卫星通过发射两种频率(1575.42MHz 和 1227.60MHz)的信号来修正电离层折射误差，同时，GPS 卫星在发射给用户的卫星电文中提供大气校正参量，用户通过修正模型来校正对流层折射误差，所以信号传播延迟 Δt_{Ai} 可以解得。

(4) 伪距 r_i^* 为用户的观测量，等于光速乘以用户所测得的信号传播延时（时间）。

式(2-2)中包含用户的三维位置坐标 (x,y,z) 和用户的时钟偏差 Δt_u 共 4 个未知数，则用户在进行三维定位时，需要接收 4 颗卫星信号，二维定位时需要接收 3 颗卫星信号。

3. 定位解算过程

GPS 接收机接收其视界内一组卫星的导航信号，从中取得卫星星历、时钟校正参量、大气校正参量等数据，并且测量卫星信号的多普勒频移和传播延时。根据卫星星历计算出卫星发射信号的位置；根据卫星信号的船舶延时和光速的乘积计算出卫星与用户的伪距；根据卫星信号的传播延时、光速、多普勒频移计算出用户的三维运行速度。

用户位置方程应包含三维空间位置和用户时钟偏差，从卫星的导航信号中可以提取时钟校正参量修正卫星时钟偏差；提取大气校正参量校正对流层折射误差；用卫星发射的双频信号可以修正电离层折射误差。

二、测速测向原理

GPS 系统对用户接收机载体的速度测量有 2 种方法：即平均速度法和多普勒频移法。船舶 GPS 接收机则采用后一种方法来测量船舶的对地航速和对地航向。

1. 卫星信号多普勒频移

由于用户接收机与空间 GPS 卫星之间存在相对运动，因此用户接收机收到的 GPS 卫星发射的信号中，存在多普勒频移。如图 2-5 所示。

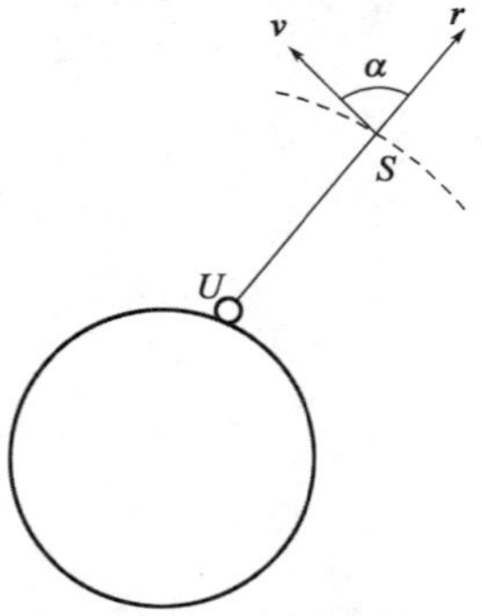

卫星 S 与用户 U 连线方向的卫星径向相对速度 V_R 为：

$$V_R = \vec{V} \cdot \vec{r_0} = |\vec{V}|\cos\alpha \qquad (2\text{-}3)$$

式中：$\vec{V}$——卫星运动速度矢量，$\vec{r_0}$ 为卫星 S 与用户 U 连线的单位矢量；

α——$\vec{V}$ 与 $\vec{r_0}$ 的夹角。

设卫星 S 发射信号的频率为 f_s，用户 U 接收到的信号频率为 f_r，光速为 C，则有：

图 2-5　卫星信号多普勒频移

$$f_r = f_s\left(1+\frac{V_R}{C}\right)^{-1} \approx f_s\left(1+\frac{V_R}{C}\right) \qquad (2\text{-}4)$$

则由于卫星和用户之间存在相对运动而产生的多普勒频移 Δf 为：

$$\Delta f = f_r - f_s \approx -f_s\frac{V_R}{C} \qquad (2\text{-}5)$$

把方程(2-3)代入方程(2-5)得：

$$\Delta f_r \approx -f_s\frac{|\vec{V}|\cos\alpha}{C} \qquad (2\text{-}6)$$

因此，当 $\alpha > 90°$ 时，即卫星从水平线升起向用户天顶运行的过程，卫星与用户的距离越来越近，V_R 为负，则用户接收机收到的频率比卫星发射的频率高。当 $\alpha < 90°$ 时，即卫星从用户天顶向水平线运行的过程，卫星与用户的距离越来越远，V_R 为正，则用户接收机收到的频率比卫星发射的频率要低。当 $\alpha = 90°$ 时，$\vec{V}$ 垂直于 $\vec{r_0}$，即卫星位于用户天顶位置，多普勒频率为 0，则用户接收机收到的频率等于卫星发射的频率。

2. 多普勒频移测速测向

若只考虑未知量，则由方程(2-1)得第 i 颗卫星与用户接收机之间的伪距时间变化率 $\dot{r}_i$ 为：

$$\dot{r}_i^* = \dot{r}_i + C\Delta \dot{t}_u \qquad (2\text{-}7)$$

线性化方程，得：

$$\dot{r}_i^* = (l_i \quad m_i \quad n_i)\left\{\begin{bmatrix}\dot{x}_{Si}\\ \dot{y}_{Si}\\ \dot{z}_{Si}\end{bmatrix} - \begin{bmatrix}\dot{x}\\ \dot{y}\\ \dot{z}\end{bmatrix}\right\} + C\Delta \dot{t}_u \qquad (2\text{-}8)$$

式中：$(l_i \quad m_i \quad n_i)$——用户接收机到第 i 颗卫星径向矢量的方向余弦。

由方程(2-5)得到第 i 颗卫星与用户接收机之间的伪距时间变化率 $\dot{r}_i^*$ 为：

$$\dot{r}_i^* = \frac{C}{f_s}\cdot\Delta f \qquad (2\text{-}9)$$

由于卫星的运行速度 $(\dot{x}_{Si} \quad \dot{y}_{Si} \quad \dot{z}_{Si})^T$ 是已知量，因此只要测出卫星和用户之间存在相对运动而产生的多普勒频移 Δf，且用户 U 接收机同时接收 4 颗以上卫星信号，便可求解出载体的三维运行速度 $(\dot{x} \quad \dot{y} \quad \dot{z})^T$。

对于船舶而言，船用 GPS 接收机分别在测得船舶在纬度和经度方向的航速 $\dot{x}$ 和 $\dot{y}$ 后，再计算航速 $\dot{x}$ 和 $\dot{y}$ 的合成矢量，即可得船舶的对地航速 SOG：

$$\text{SOG} = \sqrt{(\dot{x})^2 + (\dot{y})^2} \qquad (2\text{-}10)$$

而利用下式便可求得船舶对地航向 COG：

$$\text{COG} = -\arctan\frac{\dot{x}}{\dot{y}} \qquad (2\text{-}11)$$

三、GPS 系统设置

GPS 卫星导航系统由 GPS 导航卫星网、地面站及用户设备(接收机)三大部分组成。

1. GPS 地面站

GPS 系统地面控制段由 1 个主控站、1 个备份主控站、4 个注入站和 6 个跟踪站组成。

GPS 系统地面控制段主控站位于科罗拉多州的施里弗空军基地,GPS 备份主控站位于加利福尼亚的范登堡空军基地,4 个注入站分别位于卡那维拉尔角、阿松森、迭戈加西亚和夸贾林环礁,6 个跟踪站分别位于施里弗空军基地、卡那维拉尔角、阿松森、夏威夷、迭戈加西亚和夸贾林环礁。

2. GPS 导航卫星网

GPS 卫星包括了 6 种类型:Block Ⅰ、Block Ⅱ、Block Ⅱ A、Block Ⅱ R、Block Ⅱ R(M)、Block Ⅱ F。1978—1985 年,美国将 10 颗 Block I 试验卫星送入轨道,进行了系统原理验证、用户终端开发测试等工作。随后的 1989—2004 年一共有 9 颗 Block Ⅱ 卫星、19 颗 Block Ⅱ A 卫星和 13 颗 Block Ⅱ R 卫星送入轨道,并于 20 世纪 90 年代初正式为全球军民用户提供服务,其中:

(1)GPS Block Ⅱ 为首批正式服务卫星,设计寿命 7.5 年,截至 2007 年该系列所有卫星已经退役。

(2)GPS Block Ⅱ A 增加了选择可用性和反电子欺骗功能,设计寿命 7.5 年,截至 2016 年 1 月已全部退役,但仍有 8 颗在轨作为备用卫星。

(3)GPS Block Ⅱ R 是 Block Ⅱ 和 Block Ⅱ A 的替代卫星,增加星间链路和自主导航能力,可自主维持长达 180 天的正常运行,目前在轨 12 颗。

(4)Block Ⅱ R(M)是 Block Ⅱ R 的现代化改造卫星,也是 GPS 现代化的首批卫星,增加了第二民用信号和两个军用码,目前在轨 8 颗,其中 1 颗为备用卫星。

(5)Block Ⅱ F 是 GPS 现代化的后续卫星,增加了第三民用信号,目前在轨 12 颗。

目前,GPS 系统空间段采用的 27 轨位基线扩展星座,由分布在 6 个轨道面的 27 颗卫星组成,其轨道高度 20200km,倾角 55°。目前在轨工作卫星数量 32 颗,空间信号用户定位误差 1.6m,授时精度 20ns,发射频率 L1 波段 1575.42MHz、L2 波段 1227.60MHz 和 L5 波段 1176.45MHz。

3. 卫星导航电文

卫星发射的导航信息称为"卫星导航电文"。卫星导航电文是卫星向用户发射的导航基准信息。导航电文包括卫星上各有关系统的工作状态、系统时间、卫星钟偏差校正参量、卫星星历、卫星历书、卫星识别标志以及与卫星导航有关的其他信息。

目前的导航电文首先要经过随机噪声码 P(Y)码、CA 码和 M 码的调制,进行加密和扩频,然后再将扩频后的信号对载波 L1、L2 和 L5 进行调制,最后形成卫星发射信号通过卫星天线发射出去。

P(Y)码是一种连续、快速、长周期的伪随机二进制序列码,其码率为10.23MHz。这种码具有精确的时间和距离测量能力。

CA码是一种低速、短周期的伪随机二进制序列码,CA码的码率在L1和L2波段上为1.023MHz,新增L5波段上为10.23MHz。L1和L2上的CA码的测距精度较低,但它具有协助获得P(Y)码的能力,L5上的第三个民用导航信号具有更高的可用性和完整性。

M码采用BOC(二元偏置载波)调制方案,码率为10.23MHz,与P(Y)码信号相比,具有更高的带宽和导航精度,其伪测距的误差只有P(Y)码的1/3,并且实现了军用信号和民用信号的分离,抗干扰能力进一步提高。

4. GPS接收机

GPS接收机主要作用是从GPS卫星收到信号并利用传来的信息计算用户的三维位置及时间。

码相关型GPS接收机由硬件和机内软件及GPS数据的后处理软件包等构成。接收机的硬件由天线单元、主机单元和电源三部分组成。天线安装在船体外,通过电缆与主机相连。主机由变频器、信号通道、微处理器、显示模块等组成,如图2-6所示。

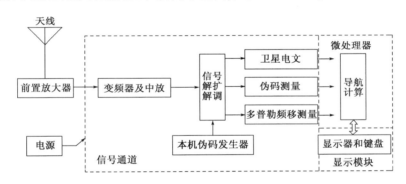

图2-6 GPS接收机工作原理框图

(1)GPS接收机的工作过程。

①接收机开机后首先对整个接收机工作性能进行自检,并测定、校正、存贮各通道的时延值。

②接收机对卫星进行搜索,捕捉卫星。当捕捉到卫星后即对信号进行牵引和跟踪,并将基准信号译码得到GPS卫星星历。当同时锁定4颗卫星时,将CA码伪距观测值连同星历一起计算测站的三维坐标,并按预置位置更新率计算新的位置。

③根据机内存贮的卫星历书和测站近似位置,计算所有在轨卫星升降时间、方位和高度角。

综上所述,接收机的主要任务是:当GPS卫星在用户视界升起时,接收机能够捕获到待测卫星,并能够跟踪这些卫星的运行;对所接收到的GPS信号,具有变换、放大和处理的功能,以便测量出GPS信号从卫星到接收天线的传播时间,解译出GPS卫星所发送的导航电文,实时地计算出测站的三维位置,甚至三维速度和时间。

（2）GPS 导航仪组成及作用。

①接收天线。GPS 导航仪的接收天线是长约 20cm 的圆柱形，是一种有源天线，安装在主桅一定的高度位置。用于接收 GPS 卫星发射的信号。

②本机。本机是一台 GPS 导航仪的主体部分，由电路元器件（数据输入、信号放大处理、解码、数据测量计算、数据显示等）、数据显示屏幕和操作键盘等组成。主要作用是输入数据、对接收信号进行放大处理、解码、测量计算、显示数据等。

③电源。GPS 的电源部分由变压器和有关电子器件组成，其作用是将船电转换为天线和本机各部分所需要的电源。有的型号 GPS 导航仪的电源部分电子器件，直接安放在本机内。

（3）GPS 导航仪启动（开机）方式。GPS 导航仪开机方式一般分为冷启动、热启动和日常启动三种：

①冷启动

定义：一台导航仪安装后第一次开机使用，或停机 3 个月以上（有的导航仪停机 6 个月以上）时再次开机，或停机后位置变化 100n mile 以上（有的导航仪位置变化 600n mile 以上）时再开机，称为冷启动。

方法：导航仪须进行初始化输入，即需要输入推算船位经纬度、时间、天线高度、HDOP 数据后，导航仪需要搜索卫星，重新收集历书，约 30min 后，才开始自动定位。冷启动输入时间的误差不应超过 15min（有的导航仪要求不超过 1h），输入船位经纬度的误差不应超过 1°（有的导航仪要求不超过 10°）。若 HDOP 数值范围为 00～99，二维定位（船舶定位时），一般设定为 10。

②热启动

定义：GPS 导航仪关机后，位置变化不超过 100n mile（有的导航仪不超过 600n mile 以上）时关机日期不超过 3 个月（有的导航仪关机不超过 6 个月）时，且导航仪内保存有卫星星历时称为导航仪的热启动。

方法：不需要向导航仪输入初始数据。接通电源后，最多不超过 20min 就可以自动定位。

③日常启动

定义：船舶在航行或停泊时，GPS 导航仪关机后再启动，称为导航仪的日常启动。

方法：不需初始化输入。是 GPS 导航仪经常的开机方式，开后马上就可以自动定位。

（4）GPS 导航仪主要功能。

①船位计算和显示功能。每隔 3～5s 更新一次船位，显示的船位分为推算船位和 GPS 船位；当设定的 HDOP 小于定位的 HDOP 时，显示推算船位；当设定的 HDOP 大于定位的 HDOP 时，显示 GPS 船位。

②导航功能。计算显示航向、航速；具有偏航报警和到达报警的音响和图示；计算显示风流压差；标绘航迹和航路点。

③航线设计功能。可输入存储 10 条以上航线，每条航线可以设定 10 个以上的航路点。计算显示到某一航路点的航向、距离、到达时间等。

④存储导航信息。可以存储 10 个以上重要航路点，计算航程等。

⑤显示和预报卫星的有关信息。显示用于定位的卫星编号、仰角、方位角、HDOP、信噪比等。可以预报未来卫星升出地平线的时间、编号、仰角、方位角等信息。

四、GPS 定位误差

利用 GPS 进行定位时,会受到各种各样因素的影响,从而造成定位误差。GPS 系统的主要误差来源可分为五类:与 GPS 卫星有关的误差;与信号传播有关的误差;与接收设备有关的误差;几何误差和海图测地坐标系选择误差。

1. 与卫星有关的误差

(1)卫星星历误差。卫星星历误差是指卫星星历给出的卫星空间位置与卫星实际位置间的偏差,由于卫星空间位置是由地面监控系统根据卫星测轨结果计算求得的,所以又称之为卫星轨道误差。它是一种起始数据误差,其大小取决于卫星跟踪站的数量及空间分布、观测值的数量及精度、轨道计算时所用的轨道模型及定轨软件的完善程度等。星历误差是 GPS 测量误差的重要来源。

(2)卫星钟差。卫星钟差是指 GPS 卫星上原子钟的钟面时与 GPS 标准时间的差别。为了保证时钟的精度,GPS 卫星均采用高精度的原子钟,但它们与 GPS 标准时之间的偏差和漂移总量仍在 $0.1 \sim 1 ms$ 以内,由此引起的等效的定位误差将达到 $30 \sim 300 km$。这是系统误差,必须加于修正。

(3)SA 误差。SA 误差即可用性选择误差,是美国军方为了限制非特许用户利用 GPS 进行高精度点定位而采用的降低系统精度的误差。它包括降低广播星历精度的 ε 技术和在卫星基本频率上附加一随机抖动的 δ 技术。实施 SA 技术后,SA 误差已经成为影响 GPS 定位误差的最主要因素。虽然美国在 2000 年 5 月 1 日取消了 SA,但是战时或必要时,美国仍可能恢复或采用类似的干扰技术。

(4)相对论效应的影响。这是由于卫星钟和接收机所处的状态(运动速度和重力位)不同引起的卫星钟和接收机钟之间的相对误差。由于卫星钟和地面钟存在相对运动,相对于地面钟,卫星钟走得慢,这会影响电磁波传播时间的测定。

2. 与信号传播有关的误差

(1)电离层延迟。在地球上空距地面 $50 \sim 100 km$ 之间的电离层中,气体分子受到太阳等天体各种射线辐射产生强烈电离,形成大量的自由电子和正离子。当 GPS 信号通过电离层时,与其他电磁波一样,信号的路径要发生弯曲,传播速度也会发生变化,从而使测量的距离发生偏差,这种影响称为电离层延迟。

(2)对流层延迟。对流层的大气密度比电离层大,大气状态也复杂。GPS 信号通过对流层时,信号的传播路径会发生弯曲,从而令距离测量产生偏差,这种现象称为对流层延迟,如图 2-7a)所示。

(3)多路径效应。测站周围的反射物所反射的卫星信号(反射波)进入接收机天线,对直接来自卫星的信号(直接波)产生干涉,从而使观测值偏离,产生所谓的"多路径误差"如图 2-7b)所示。这种由于多路径的信号传播所引起的干涉延时效应被称作多路径效应。

3. 与接收设备有关的误差

(1)接收机钟差。GPS 接收机一般采用高精度的石英钟,接收机的钟面时与 GPS 标准时

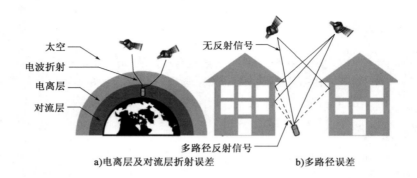

图 2-7　信号传播误差

之间的差异称为接收机钟差。

（2）接收机的位置误差。接收机天线相位中心相对测站标示中心位置的误差，称为接收机位置误差。

（3）接收机天线相位中心偏差。在 GPS 测量时，观测值都是以接收机天线的相位中心位置为准的，天线的相位中心与其几何中心，在理论上应保持一致。但是观测时天线的相位中心随着信号输入的强度和方向不同而有所变化，这种差别称为天线相位中心的位置偏差。

这三类误差源主要影响电磁波传播时间的测量和卫星精确位置(即精密定位)的获得。所谓精密定位，就是利用各种模型，估算出各种误差，进而修正 GPS 定位结果的技术，它是 GPS 应用的前沿课题。

4. 几何误差

GPS 定位的几何误差可用精度几何因子 GDOP 来表示，GDOP 越小，表明选用的卫星的几何图形配置越理想(图 2-8)，使位置和时间的偏差值也相应减少，即定位精度越高。

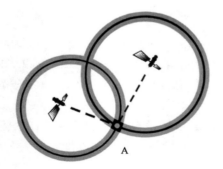
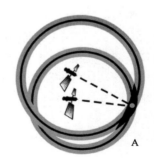

a)卫星几何位置好　　　　b)卫星几何位置差

图 2-8　GPS 几何误差

见公式(2-12)：

$$\mathrm{GDOP} = \frac{\sqrt{\sigma_x^2 + \sigma_y^2 + \sigma_z^2 + \sigma_t^2}}{\sigma} \tag{2-12}$$

式中： σ ——测距误差；

σ_x、σ_y、σ_z、σ_t ——用户位置和时钟偏差。

GDOP 也可用式(2-13)表示：

$$GDOP = \sqrt{(PDOP)^2 + (TDOP)^2} \quad (2\text{-}13)$$

$$PDOP = \sqrt{(HDOP)^2 + (VDOP)^2} \quad (2\text{-}14)$$

式中：PDOP——三维定位精度几何因子；

HDOP——二维定位精度几何因子；

TDOP——时间精度几何因子；

VDOP——垂直精度几何因子。

航海 GPS 接收机大多可显示 HDOP 值大小，HDOP 值越大，定位精度越差，一般 HDOP≤4，位置精度较高，HDOP≥9，位置精度较差。GPS 导航仪设定 HDOP 阈值后，若定位达到的 HDOP 小于设定的 HDOP，则显示 GPS 船位；若定位达到的 HDOP 大于设定的 HDOP，则显示 GPS 推算船位。

5. 海图测地坐标系选择误差

由于 GPS 导航仪使用的测地坐标系与海图制图使用的测地坐标系不同，对 GPS 定位造成误差。

一般 GPS 导航仪，若不人为选定某一测地坐标系，则自动选择国际测地坐标系(WGS-84)。为了提高定位精度，应选择 GPS 导航仪测地坐标系与所使用的海图测地坐标系相同。

第三节　北斗卫星导航系统

北斗，是属于中国人自己的卫星导航系统，也是继美国 GPS 系统和俄罗斯"格洛纳斯"系统后，世界上第三个正式运行的卫星导航系统。它的发展战略是"三步走"，也就是通常所说的"北斗一号""北斗二号"和"北斗三号"。

"北斗一号"于 1994 年启动，2000 年建成并投入使用，为中国用户提供服务。"北斗二号"于 2004 年启动，2012 年年底建成，向亚太地区提供服务。北斗全球导航系统建设于 2009 年启动，2017 年 11 月"北斗三号"首批组网卫星发射升空并成功入轨，目前已经发射了 12 颗卫星，全球组网正稳步推进中。

导航性能的提升，得益于扎实的技术进步。

以被称作导航卫星"心脏"的原子钟来说，它的技术革新，对提高定位精度至关重要。

原子钟是为整个卫星提供时间基准、维持时间准确性的守时设备，"掌握"着时间的精度。北斗卫星导航系统总设计师杨长风说，"时间精度是卫星导航的'命门'，天地间时间越同步、误差越小，定位精度越高"。

在北斗卫星导航系统发展初期，我国并不具备研制生产星载原子钟的能力。经过刻苦攻关，"北斗二号"用上了自主研制的星载铷原子钟。"北斗三号"则采用了我国新型高精度铷原子钟和氢原子钟。据介绍，"北斗三号"所配备的铷原子钟，其稳定度达到 E-14 量级，"这相当于 300 万年只有 1 秒误差"。

另一个关键技术是"星间链路"。我国很难像 GPS 那样,在全球大范围建立地面站。那么,如何保证在国内地面站也能对境外卫星进行操控?

"星间链路"起了重要作用。通俗地说,"星间链路"就是卫星与卫星之间的一条路。它把"北斗三号"30 颗卫星连成一张网,不仅能相互通信和数据传输,还能相互测距。虽然我们"看不见"处在地球另一面的北斗卫星,但通过北斗卫星的星间链路,同样能和它们取得联系。

除了拥有诸多先进技术,更重要的是,北斗卫星导航系统的关键技术和产品研制实现了自主可控。目前,"北斗三号"卫星的关键元器件实现了 100% 国产化,做到了"北斗星、中国芯"。

一、北斗一号

中国科学院院士陈芳允先生于 1983 年提出"双星定位"的方案,与此同时美国静止卫星公司和欧洲本地卫星公司也提出了类似的方案,但美国和欧洲的公司从事双星定位的研究以失败告终,中国获得了成功并将其命名为"北斗一号"导航定位系统。

按照陈先生的方案,中国科学家在 1988—1989 年利用现有 2 颗 C 频段通信卫星成功地进行了定位原理的试验,试验表明定位精度与测距速率、2 颗卫星的相隔距离、测距精度和用户高度有关,基本结论是定位精度可达数十米以下、定时精度可达数十纳秒以下。1993 年我国进一步进行了双星定位系统的试验,从而奠定了全面建设"北斗一号"系统的基础。1994 年国家批准建设第一个卫星导航定位系统,2000 年 10 月 31 日、2002 年 12 月 21 日、2003 年 5 用 25 日我国使用 C2-3A 火箭成功地发射了"北斗一号"的第 1、2、3 颗卫星,分别定位于赤道上空静止地球轨道的 80°E、140°E 和 110.5°E,其中第 3 颗星为备份星,加上地面的配套设施,完成了"北斗一号"系统的建设,并于 2004 年正式向军、民用户开放使用。

"北斗一号"是世界上第一个区域性卫星导航定位系统,也是世界上第三个投入运行的卫星导航定位系统。而在"北斗一号"之后,我国还拟发展第二代卫星导航定位的"北斗二号"系统,它将能容纳更多用户、更先进、更完善。"北斗一号"的第 3 颗星不仅是第一代系统的备份星,还将承担第二代的关键技术试验任务。

1. "北斗一号"系统组成

地球静止轨道卫星:2 颗,二者的经度相隔 60°,分别定位于 80°E 和 140°E;外加 1 颗备份星,定位于 110.5°E。

(1)地面中心站:1 个,位于北京,中心站配有电子高程图。

(2)地面网管中心:1 个,位于北京。

(3)地面参考标校站:数十个,分布于全国各地。

(4)用户指挥机:按不同的用户集团配备。

(5)用户终端机:可分为车载型、船载型、手持型号航定位终端和授时接收机等。

(6)电子地图:按需配备。

2. "北斗一号"定位原理

其定位原理是:以 2 颗卫星的已知坐标为圆心,各以测定的本星至用户机距离为半径,形成两个球面,用户机必然位于这两个球面交线的圆弧上。电子高程图提供一个以地心为球心、以球心至地球表面高度为半径的非均匀球面。求解圆弧线与地球表面交点即可获得用户的位置。通常这2颗卫星在轨道上的弧距为30°～60°,相应的弦长22000～42000km,这个距离范围小于2颗卫星到用户机斜距之和(略大于72000km),所以两个球面必定相交,其交线圆弧穿过赤道面,在地球的南半球和北半球各有一个与地球表面的交点,其中的一个交点就是用户机位置,鉴于"北斗一号"是覆盖中国及其周边地区的区域性导航定位系统,当然只有北半球的交点才是唯一的"解"。

要唯一确定用户机位置必须满足以下条件:

(1)两卫星的弦长必须小于两斜距之和。"北斗一号"的弦长为42000km,两斜距和大于72000km。

(2)以卫星为球心,斜距为半径的两球面的交线的圆弧必须与用户机位置的水平面相交。

(3)已知用户机位置的大地高,即地球球心至用户机的距离。

3. "北斗一号"的优点

"北斗一号"与GPS相比具有以下特点:

(1)完全独立自主,不受他国的控制和限制,可靠性、可用性、安全性较有保证。美国的GPS目前取消SA限制,但它可随时加入干扰信号降低定位精度,甚至对其他国家用户关闭使用权。

(2)符合中国国情,投资少,周期短,高仰角覆盖。美国的GPS耗费120亿美元,用时16年,虽能全球覆盖,但由于轨道低而使用户遮蔽角大,在山区使用就受到限制。"北斗一号"总投资10亿人民币,从国家批准到建成总共不到10年时间,由于卫星位于我国上空的静止轨道,地面用户基本都处高仰角工作状态,特别适合我国高山地区的使用。

(3)基本功能可与GPS媲美,但都独具双向移动数据通信的功能。GPS用户可以知道自己的位置,但要让上司或亲友知道还需配备Inmarsat卫星终端或GSM手机等通信工具,"北斗一号"用户无须另配通信设施,用户位置就可自动报给上司或亲友。且通过双向通信每次可传送多达105个汉字的短信,这对于某些用户来说是需要的和至关更要的,特别适合集团性用户在大范围内的数据集中和监控管理。

二、北斗二号

"北斗二号"卫星导航系统2004年启动工程建设,2007年4月14日成功发射第一颗"北斗二号"卫星,2010—2012年,连续发射了14颗"北斗二号"卫星,组成了包括5颗地球静止轨道(GEO)卫星、5颗倾斜地球同步轨道(IGSO)卫星和4颗中圆地球轨道(MEO)卫星的区域卫星导航系统。2012年12月27日,"北斗二号"卫星导航系统正式宣布开始为亚太地区的用户提供定位、导航、授时服务。

1. 系统特点

按照中国卫星导航系统管理办公室发布的《北斗卫星导航系统公开服务性能规范》(10版),"北斗二号"卫星导航系统公开的服务区为55°S～55°N,70°E～150°E,服务区内具备定位精度水平10m、高程10m,测速精度0.2m/s,双向授时精度10ns,短报文54万次每小时的服务能力。此外,"北斗二号"卫星导航系统还具有国外卫星导航系统所不具备的位置报告、三频导航、双向授时等功能。

"北斗二号"卫星导航系统的用户测距误差(URE)在服务区内仅次于GPS系统,优于GLONASS系统和当前的Galileo系统。各个监测站测得的定位精度(PE)数据反映出"北斗二号"卫星导航系统在服务区内的定位精度与GPS系统和GLONASS系统相当。

"北斗二号"卫星导航系统以"独立自主、开放兼容、技术先进、稳定可靠"为建设目标,实现了国际卫星导航领域和我国航天领域的多个首次,取得了丰硕的自主创新成果。它是我国第一个复杂星座组网的航天系统,第一个面向大众和全世界用户承诺服务的空间基础设施,也是国际上第一个将多功能融为一体的导航系统。

工程的主要创新成果包括:

(1)将导航定位、短报文通信、差分增强三种服务融为一体,开创了卫星导航技术发展新方向,为世界卫星导航技术发展开辟了新道路。

(2)在国际上首次采用GEO/IGSO/MEO混合星座,突破了卫星构建导航星座的一系列技术难题,以最少的卫星数量实现区域导航服务,工程建设速度快、效益高。

(3)在国际上首次成功研制地球同步轨道导航卫星,解决了基于弱磁力的姿态控制、高精度温控等关键难题,实现了高精度、高可用和高功能密度比。

(4)创建了"集中设计、流水作业、滚动备份"的宇航产品批量生产模式,突破了数字化过程管理等关键技术,国内首次实现星箭产品组批生产、高密度组网发射,有力推动了我国航天科研生产能力转型。"北斗二号"卫星导航系统自2012年正式提供服务以来,在交通运输、海洋渔业、水文监测、气象预报、森林防火、通信时统、电力调度、救灾减灾和国家安全等领域得到广泛应用,产生了显著的社会效益和经济效益,已全面实现大众应用,并融入互联网和物联网,催生新型产业模式,形成战略新兴产业,成为经济建设新增长点;同时,已经启动进入国际民航、国际海事、国际移动通信组织等标准体系,开展"北斗走出去"活动,服务"一带一路"倡议,推动大规模国际应用。

2. 系统创新成果

"北斗二号"导航系统正式运行以来,卫星系统在轨工作稳定,具有以下创新成果:

(1)长寿命、高可靠导航卫星平台技术。针对GEO卫星同时配备有源定位载荷和卫星无线电导航无源定位载荷,两种功能复杂的任务特点,为满足多载荷共存对平台资源大幅提升的需求,新研制了"东方红三号"甲平台,在卫星的承重能力、供电功率、姿态控制、测控方式与信号体制、高精度及高稳定度温度控制等方面取得了突破,满足了载荷的需求。

(2)高精度、高稳定度热控技术。热控分系统实现卫星全生命期产品温度控制目标,为星载铷钟、大功率放大器等提供高精度、高稳定度温度环境。针对北斗导航卫星的产品热控特点,采用分舱设计、基于时序均匀分布的多回路比例控温方法、U型热管的均匀性辐射器等技术,实现了星载铷钟控温精度±0.3℃/轨道周期的要求;突破新型热管槽道、高传热能力和低质量密度设计难题,实现正交热管网络整体减重20%以上。

(3)首次实现测控扩频体制设计和在轨工程应用,为解决星座卫星多星测控问题,"北斗二号"卫星测控系统在国内首次设计了扩频测控体制,并在轨应用。扩频测控体制具有码分多址的能力,可使用相同的测控频点实现星座多星测控。卫星测距精度及稳定性、抗干扰能力(特别是抗多址干扰能力)大幅提高。同时,基于当时星载扩频应答机产品的可靠性和成熟度,"北斗二号"卫星测控系统备份保留了统一S频段体制的应答机。

(4)有源定位与无源导航载荷一体化设计。"北斗二号"卫星采用有源定位载荷和无源定位载荷兼容优化与多功能融合设计,具备有源定位、无源定位和短报文通信业务功能,为世界首创,其中短报文通信位置报告更是现有国外导航卫星所不具备的。通过采用系统级电磁兼容性优化设计和相关频率的优化仿真设计,国内首次在一颗卫星载荷舱上实现了L、S、C频段的多频点高灵敏度接收和高功率发射的兼容。

采用全数字化接收自适应抗干扰和上行接收链路完好性检测技术,解决了卫星在复杂电磁环境下,上行信号大、动态抗干扰、绝对时延实时获取、完好性预报等难题;采用发射通道的低时延波动和高稳定时延保持传递技术,提高了下行6路通道信号的相位稳定性和时延稳定性;创新设计大功率微放电抑制技术及散热措施,实现同轴型微波传输通道总工作功率达到600W,确保了在复杂卫星舱体环境内大功率微波器件的高可靠性和安全性。

(5)多频段兼容的天线分系统设计。"北斗二号"卫星包括上行注入天线、下行RNSS天线、RDSS天线、C频段转发天线,以及多幅测控天线等。天线分系统采用微波信号高隔离优化设计等技术,解决了多信号L、S、C频段天线兼容性难题;采用复合材料三维编制纤维结构(TWF),实现可展开网孔反射面天线,产品减重35%,透光率达到49%以上,降低了太阳光压对卫星姿态的影响,干扰力矩减小了约70%;首次将高稳定度相位中心和时延控制设计技术应用于导航卫星天线设计,解决了大温度范围内19路馈电通道的高精度幅相和时延变化难题,实现了通道阵列天线高精度相位一致性控制;上行注入天线采用低旁瓣措施,下行天线采取抗无源互调措施,实现了多频段兼容的天线分系统设计。

(6)上行注入高抗干扰与精密测距技术。在空间电磁信号强干扰环境和星上处理资源受限条件下,通过采用基于时频域的动态干扰抑制技术、星载复合分级干扰抑制信号处理体系、多种复杂干扰和大动态范围下高精度伪距测量、星上时延稳定性控制等技术,国内首次突破了复杂空间电磁条件下高精度测量关键技术,大动态信号电平及多种复杂干扰下测距精度优于1ns,解决了卫星上行接收抗干扰和精密测距稳定性难题,实现了导航卫星双通道精密测距以及星地双向时间比对功能,达到国际先进水平。

(7)打破国外封锁,星载铷原子钟自主可控。星载铷原子钟是北斗导航卫星上的关键核心产品。星载铷钟采用非自激型光抽运气泡式铷频标方案,利用Rb87原子基态超精细能级0-0跃迁所具有的极窄谱线和极稳定的心频率的特性,通过光抽运系统和电路的作用,将原子跃迁频率的高稳定性和准确度传递给晶振,从而获得高稳定的输出频率信号。

通过国内优势单位强强联合,集智攻关,突破了高增益微波控制技术、精密频率控制空间环境适应性试验及测试方法等关键技术,实现了理论上突破,完成了产品工程化、小型化研制,达到了宇航产品的任务要求,打破了国外垄断,技术达到国内领先、国际先进水平。

三、北斗三号

"北斗三号"系统建设是我国北斗系统"三步走"发展战略的第三步。相比"北斗二号"系统,"北斗三号"系统不仅是卫星组网从区域走向全球,同时技术更先进、建设规模更大、系统性更强。"北斗三号"卫星将增加性能更优的互操作信号,在进一步提高基本导航服务能力的基础上,按照国际标准提供星基增强服务及搜索救援服务。"北斗三号"采用星载氢原子钟,其精度将比"北斗二号"的星载铷原子钟提高一个数量级。

"北斗三号"全球导航系统的定位精度将提升 1~2 倍,达到 2.5~5m 水平,建成后的北斗全球导航系统将为民用用户免费提供约 10m 精度的定位服务、0.2m/s 的测速服务,并且将为付费用户提供更高精度等级的服务。同时,卫星设计寿命达 10 年以上。随着北斗地基增强系统提供初始服务,可提供米级、亚米级、分米级甚至厘米级的服务。届时,中国北斗的精度将与美国 GPS 相媲美。

在"北斗二号"性能的基础上,"北斗三号"导航系统在设计之初,就把目标放在尚未发射的第三代 GPS 导航卫星以及欧洲伽利略导航系统的设计指标上。

中国北斗有自己的独特之处。为了解决境外卫星的数据传输通道,"北斗三号"研制人员攻克了星座星间链路技术,虽然"看不见"在地球另一面的北斗卫星,但用北斗卫星的星间链路同样能与它们取得联系,这是北斗全球导航系统建设的一大特色。

现在,北斗系统已经在抗震救灾、精确授时、老少关爱、保护动物、海洋渔业等方面都有了深入的应用,但北斗仍然没有停止探索的步伐,正在构建北斗全球系统。

北斗全球星座是由 5 颗 GEO 卫星、3 颗 ICSO 卫星和 27 颗 MEO 卫星构成的覆盖全球的系统。目前,已经发射了 5 颗新一代北斗卫星,完成了核心关键技术的攻关,包括技术体制、星间链路等,正在积极推动全球组网建设。预计将于 2020 年前后建成北斗全球系统,北斗全球系统的建成,将会为北斗带来更好的市场和发展机遇。

第四节　内河卫星导航仪的主要操作

一、航段选择操作

航段选择是为了船舶驾驶和引航人员方便快捷地浏览相关航段的基本情况,为其提供多个航段信息,供其具体选择使用。其操作方法如下:

(1)点击面板右侧的航段按钮。

(2)弹出航段定位对话框,选择航段和具体航段,点击确定按钮,地图自动切换到该航段。可参见图 2-9。

二、航行模式设置

航行模式设置是为了船舶和引航人员选择性地获取所需要的信息,而不至于显示全部信息导致航道图上字与字之间的掩盖与重叠,使显示更加清爽。其操作方法如下:

(1)点击面板右侧的航道图设置按钮。

(2)下边弹出对话框,选择所需显示模式和显示状态以及视角的切换。

可参见图 2-10。

第二章 全球卫星导航系统

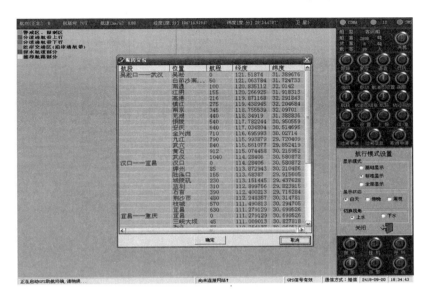

图 2-9　航段选择模式图

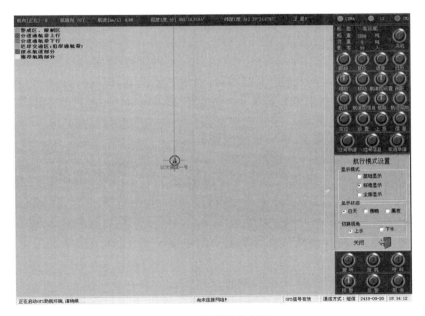

图 2-10　航线模式选择

三、信息查询操作

信息查询操作是为了查询过去某一时段本机接收的信息,而提供的服务。其操作方法如下：

（1）点击面板右侧的信息按钮。

（2）弹出历史消息记录对话框,根据不同的信息类型选择所需要的信息,然后进行查看。

可参见图 2-11。

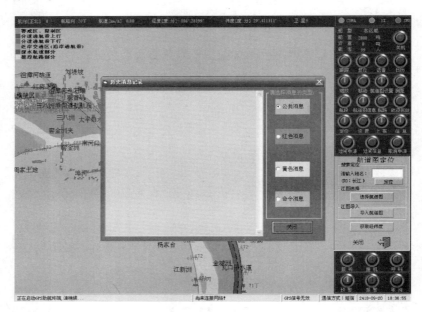

图 2-11　信息查询

四、过闸申报操作

过闸申报是为了船舶便捷有序地通过三峡船闸、葛洲坝船闸,提供相关信息服务。其操作方法如下：

(1)点击右侧过闸申报按钮,进入报闸操作界面。

(2)选择船舶类型,弹出输入列表后,按照本船实际内容填写。

(3)填写完表格后,若立即报闸,点击发送按钮,若暂时不报闸,点击保存按钮。

(4)发送后,若屏幕正上方出现"中心已收到信息",等待几秒,自动弹出提示窗口,提示报闸是否成功。

(5)对于再次申报,可以再选择发送消息中的申报按钮,选择历史申报记录进行修改后再发送。

(6)若需要取消申报,点击取消申报按钮。

(7)通过点击右侧过闸信息按钮查看调度信息或排挡图。

可参见图 2-12。

五、预警和报警操作

预警和报警操作是为了船舶发生紧急情况或预示其他船舶本船周围或自身的状况时,向管理部门和公司发送报警信息。其操作方法如下：

(1)点击预警按钮,弹出对话框,选择预警类型(中雾、暴雨、大风、前方事故、前方航道阻塞、一般机务障碍、吸浅、锚泊走锚、货物移位),然后点击确定按钮进行发送。

第二章 全球卫星导航系统

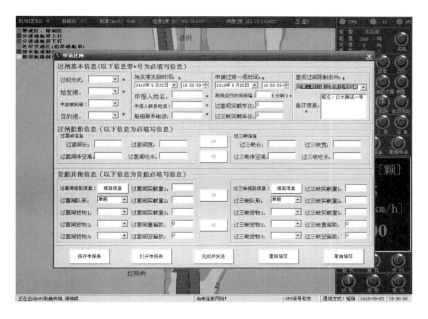

图 2-12 申请过闸信息填写

(2)点击报警按钮,弹出对话框,选择报警类型(不区分类别的报警、突发危害公共安全事件、失火、碰撞、触礁/搁浅、动力失效、舵机失灵、溢油报警、浓雾、紧急求助、弃船),点击确定按钮进行发送。

可参见图 2-13 和图 2-14。

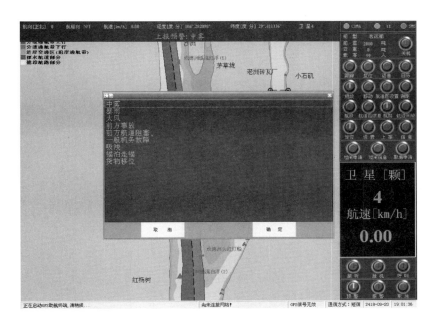

图 2-13 航行预警上报设置

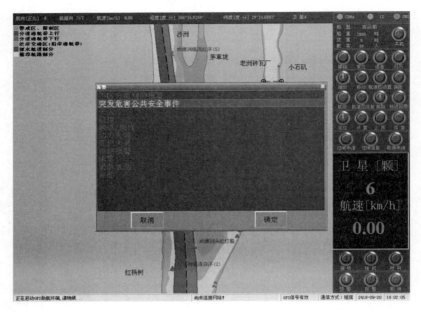

图 2-14　航行报警设置

第三章 船用测深仪

测深仪是测量超声波信号自发射经水底反射到接收的时间间隔,用以确定水深的一种水声仪器。它的用途是:在情况不明的水道航行时,用来测量水深确保船舶航行安全;在能见度不良或其他导航仪失效时,用来保证船舶航行位置的助航仪器,得到了普遍的应用。

第一节 回声测深仪工作原理

一、水声知识

声音是声波通过任何物质传播形成的运动,它是由物体震动产生的波,最初发出震动(振动)的物体叫作声源。声音以波的形式振动传播。按照频率可分为:次声波,即频率在20Hz以下的声波;可闻声波,频率在20Hz～20kHz的声波;超声波,频率在20kHz以上的声波。由于超声波具有频率高、抗干扰性好的特点,为了避免在测量工作中受到其他声源所发出的声波干扰,比如机器振动、螺旋桨转动、浪击船壳等所产生的声波,因而选择超声波作为回声测深仪的工作频率。

二、回声测深仪的基本原理

回声测深仪的原理是基于声波在水中传播特性的理论,即声波在一种介质中的传播速度是一定的;声波从一种介质进入另一种介质,其速度将会发生变化,并能发生反射、折射、散射等物理现象;在传播过程中,声波的能量将随距离的增加而逐渐衰减。正由于声波能在水中传播较远的距离,且声速基本恒定,因此采用声波来测量水深是最方便和最准确的方法之一,其所测水深准确度完全能满足船舶安全航行的要求。

测量水深的原理,如图3-1所示。

回声测深仪测深原理是在船底安装发射超声波的换能器 A 和接受反射回波的换能器 B,设换能器到水底的垂直距离为 h,换能器距离水面的距离 D,A 与 B 之间的距离为 S,称为基线。发射器以间歇的形式向水下发射超声波,声波到达水底后,一部分能量被

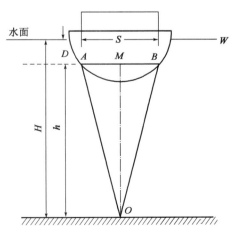

图3-1 测深仪测深原理图

吸收,一小部分能量反射回来,接收换能器 B 将反射回来的声振动变为电振动,用来显示水深。

从图中我们可以得到下面简单的公式计算出水深:

$$H = D + h = D + \sqrt{AO^2 - AM^2} = D + \sqrt{\left(\frac{ct}{2}\right)^2 - \left(\frac{S}{2}\right)^2} \qquad (3\text{-}1)$$

式中:H——水面至水底的深度;
c——超声波在水中的传播速度;
t——超声波从发射至接收往返的时间。

在上式中,时间 t 是唯一变量。因此,测量深度 h 也就是测量声波往返的时间 t。声波在水中传播速度 c,一般均采用其标准值,即 $c = 1500\text{m/s}$。若忽略 $S/2$,则测量深度 h 与声波往返时间 t 之间的关系式可写为:

$$h = \left(\frac{1}{2}\right)ct = 750t \qquad (3\text{-}2)$$

上式中,忽略 $AM = S/2$ 项,必然会使测量深度产生误差,这种误差称为基线误差。A 与 B 之间的距离越大,这个误差就越明显,是必须要加以注意的。特别是在测量深度不是很大的时候,目前许多回声测深仪都以采用发射和接受共用的换能器,这样就从原理上避免了这种误差的出现。

第二节　回声测深仪的组成

一、回声测深仪的组成

船用回声测深仪组成如图 3-2 所示。

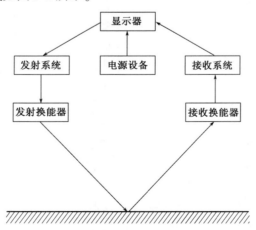

图 3-2　回声测深仪组成框图

1. 显示器

是整机的中枢,它的任务是协调整机工作;测定声波自发射至接收的时间,并把时间函数换算为深度;用一定的机构和方式将测量的深度显示出来。

2. 发射系统

是将显示器的发射指令(触发脉冲)变为具有一定脉冲宽度、频率和输出功率的电振荡脉冲,并用这个发射电振荡脉冲去推动发射换能器。

3. 换能器

是一个可逆声电换能器,它将发射系统输出的电振荡脉冲,转换为向水中发射的超声波振荡脉冲。它也能够把来自海底的反射超声波振荡脉冲转换为电振荡脉冲。

4. 接收系统

它的作用是将来自换能器的接收信号,适当地加以放大,然后输送到显示器。

5. 电源系统

它的作用是将船电转换为测深仪的工作电源,可采用变压器、逆变器或变流器。

二、内河安全检查对测深仪的要求

1. 配备要求(表3-1)

配 备 要 求　　　　　　　　　　　　　　　表3-1

序号	航行设备名称	航区	最低配备定额(台或套)							
			客船(类别)			货船(GT)			推(拖)船(kW)		
			第1、2类	第3、4类	第5类	≥1000	300≤<1000	<300	≥883	368≤<883	<368
1	测深仪	A	1			1			1		
		B	1			1			1		

2. 技术要求

(1)回声测深仪应能满足船舶预定航行航道最浅和最深处的测量要求,通常应至少设有两个测量量程。建议浅水量程为0~10m;深水量程为0~100m(或更深)。对于只航行于浅水航道的船舶测深仪及便携式测深仪可只有一个浅水量程。

(2)测深仪的最小测量深度小于或等于0.3m。

(3)浅水量程为0~10m的指示误差应小于或等于±1.0%;深水量程为0~100m的指示误差应小于或等于±0.1%,或满足相应标准的规定。

(4)测深仪的水深显示器,可为数码显示或连续记录的形式,显示器上应设有接近船舶规定深度发出报警信号的装置。

(5)在深度显示器或连续记录器上均应设有起动测深仪、转换量程、调节深度读值的清晰度等操纵机构,起动测深仪应仅用一个操纵动作完成。

(6)连续记录器纸带上的比例应尽量取大,浅水深度量程每0.5m记录刻度应大于或等于2.5mm。

(7)测深仪如使用几个电源,则应设有从一个电源转换到另一个电源的转换装置,且当转换为另一电源供电时,测深仪即刻应能正常工作。

(8)测深仪显示器应安装在驾驶台。对单一数字式显示器允许安装在驾驶室操纵台上;连续记录器应安装在驾驶员便于观测的处所。

3.检查要点

(1)是否按规定配备测深设备。对照《检验证书簿》及《测深设备配备表》,检查测深设备是否配备齐全。

(2)检查测深仪的准确性。打开测深仪,实际测量船位航道水深,通过与实际水深比较误差,检查准确性。

(3)检查测深仪报警功能是否正常。打开水深报警功能,将报警水深调整超过当地实际水深,查看测深仪是否能正常报警。

第三节　回声测深仪的操作

内河船舶上的测深仪的型号众多,这里以 JUNLU DS-792 回声测深仪为例进行操作,如图 3-3 所示。

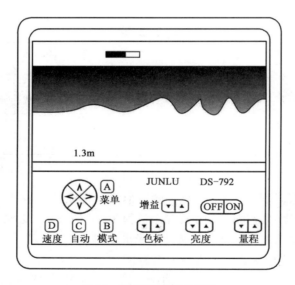

图 3-3　回声测深仪操作界面

一、回声测深仪各按键功能

(1)菜单:调节测深仪的各项参数(换能器选择、自动增益、脉冲宽度、报警深度、抗干扰、背景颜色、语言选择、出厂设置)。

(2)ON|OFF:设备的开关。

(3)量程:调节测深仪的测深量程。

(4)亮度:调节屏幕的亮度。

(5)色标:在测深仪的左侧显示渐变的颜色带,凸显出安全水深的不同颜色。

(6)增益:调节探头的增益大小。

(7)↑→↓←方向键:光标的移动按键。

(8)模式:在使用双探头模式时选择左右或者上下显示。

(9)自动:自动选择量程。

(10)速度:调节回波图案的移动速度。

二、回声测深仪基本操作

(1)按下电源开关按键,启动仪器。

(2)调节亮度键,以屏幕亮度适中为宜。

(3)调节量程键,根据水深选择相应的量程。水深较大,使用大量程;水深较小,使用小量程。

(4)调节增益键,使图像清晰饱满。增益值越大,灵敏度越强,通常在浅水区时使用小增益,在深水区时使用较大增益。

(5)船舶通过浅水或水深不明区域时,可利用测深仪水深报警功能,提醒船舶驾驶员安全通过。调节报警按键设置报警深度,内河船舶根据吃水大小设置报警水深,一般一类船舶报警水深设置为 2~5m。

第四章 船用计程仪

第一节 计程仪的作用

计程仪在航海中是测定船舶的航行速度和累计船舶航程的仪器。它对于船舶导航极为重要,其主要作用是:

(1)向雷达、AIS、电子江图、VDR 等助航仪器提供航速信息。

(2)向现代化大型船舶提供纵向和横向的速度。

目前船用计程仪可分为两类:即相对计程仪和绝对计程仪。

相对计程仪所测定的航速和累计的航程均是指船舶相对于水的速度和航程,并没有计算水流的影响。绝对计程仪是直接测定船舶对水底的速度和航程。

第二节 计程仪组成及工作原理

一、电磁计程仪

电磁计程仪是利用电磁感应原理来测量船舶航速和累计航程的一种相对计程仪,其优点是测速线性好,测速范围大,而且可测量船舶后退速度,成本低廉且使用方便。

电磁计程仪的电磁传感器根据电磁感应原理,产生一个与船舶速度成正比的电信号,从而换算成船舶的速度信号。常用的传感器有平面式和导杆式。平面式传感器的底面与船底平齐;导杆式传感器为一根可升降的圆柱形导杆,计程仪工作时伸出船底,不工作时可将导杆升起。平面式电磁传感器的结构如图4-1 所示。

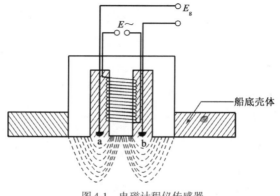

图 4-1 电磁计程仪传感器

当船以航速 v 向前（或向后）航行时，则水流相对船的速度 v 大小相等，方向相反。由于海水可导电，根据电磁感应原理，在电极 a、b 和海水形成的回路中将产生感应电动势 E_g：

$$E_g = B \sim Lv \cdot 10^{-8} \tag{4-1}$$

式中：$B\sim$——交流感应强度（G_s）；

　　　L——两电极间距（cm）；

　　　v——航速（cm/s）。

二、多普勒计程仪

多普勒计程仪是应用多普勒效应进行测速和累计航程的一种水声导航仪器。

1. 多普勒效应

多普勒效应是指当波源与接收者之间存在相对运动时，接收者接收到的波的频率与波源频率不同的现象。当波源与接收者接近时，接收者收到的波的频率升高；当两者相互远离时，则接收者收到波的频率将降低。接收频率与波频率之差值 Δf 称为多普勒频移。Δf 与波源的频率 f_0、波在介质中传播的速度 c 和波源与接收者之间的相对运动速度 v 的关系如下：

$$\Delta f = \frac{v}{c} f_0 \tag{4-2}$$

当 f_0 与 c 为常数时，Δf 与 v 成正比，因此可以通过测定多普勒频移来进行测速。

2. 单波束测速原理

如图 4-2 所示。

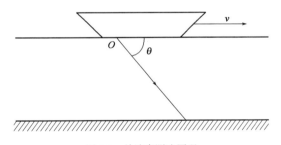

图 4-2　单波束测速原理

在船底部装有一个收、发兼用的换能器 O。船舶以速度 v 向前航行，换能器以频率 f_0 向海底发射超声波脉冲。声波束的发射方向与船舶速度方向成 θ 角，称之为波束发射俯角，一般 θ 取 60°。换能器向海底发射超声波经海底反射后，一小部分声波能量被换能器接收。换能器 O 既是声源又是接收者，由于发射点与接收点之间有相对位移，故换能器 O 收到声波的频率和发射声波的频率并不相同（又称二次多普勒效应）。测得的多普勒频移 Δf 表示如下：

$$\Delta f = \frac{2 f_0 v \cos\theta}{c} \tag{4-3}$$

式中，声波发射频率 f_0、船速 v 及波束俯角 θ 均为已知量，只要测出多普勒频移 Δf，即可求出船速。

3. 双波束测速原理

上述是一种只向前发射单一声波束的多普勒计程仪。这种单波束计程仪在实际使用时会因船舶摇摆而产生测速误差,故不能得到广泛的应用。船舶摇摆时,由于船舶上下颠簸和纵向摇摆会产生船舶在垂直方向上的运动速度 u,如图4-3所示。

垂向速度 u 在波束发生方向上的分量为 $-u\sin\theta$,在波束发生方向上的合成速度为 $(v\cos\theta - u\sin\theta)$,则单波束多普勒频移公式变化为:

$$\Delta f = \frac{2f_0(v\cos\theta - u\sin\theta)}{c} \tag{4-4}$$

比较以上两个公式可知,在船舶上下颠簸和纵向摇摆时,如果仍按照式(4-3)进行测速计算,显然会产生测量误差。

为了消除这种测量误差,目前船用多普勒计程仪普遍采用双波束系统测速,即以相同的发射俯角分别向前和向后发射对称的超声波波束,如图4-4所示。

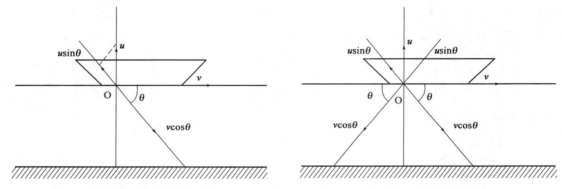

图4-3 船舶颠簸引起单波束测速误差　　　　图4-4 双波束测速原理

按式(4-4),朝船首向及船尾向波束的多普勒频移分别为:

$$\left.\begin{array}{l}\Delta f_1 = \dfrac{2f_0(v\cos\theta - u\sin\theta)}{c} \\ \Delta f_2 = \dfrac{2f_0(-v\cos\theta - u\sin\theta)}{c}\end{array}\right\} \tag{4-5}$$

用 Δf_1 减去 Δf_2 有:

$$\Delta f = \Delta f_1 - \Delta f_2 = \frac{4v\cos\theta}{c} \tag{4-6}$$

式(4-6)称为双波束多普勒频移公式,由公式可知,船舶摇摆颠簸引起的垂向运动速度 u 的影响已完全被消除。

4. 多普勒计程仪的分类

按照多普勒计程仪发射波束的数量,可以分为双波束多普勒计程仪、四波束多普勒计程仪和六波束多普勒计程仪。双波束多普勒计程仪,又称一元多普勒计程仪,智能测量船舶纵向速度并累计其航程,通常用于船舶导航功能;四波束多普勒计程仪,又称二元多普勒计程仪,即换能器向船体的前后左右四个方向发射波束,除可测量船舶纵向速度外,还能测量横向速度。

一元和二元多普勒计程仪的换能器均安装在船首部位。六波束多普勒计程仪,称为三元多普勒计程仪,即除了在船首装置四波束换能器外,还在船尾部安装一对向船尾左右方向发射波束的换能器,既可测量船舶纵向速度,又能测量船首部和船尾部的横向速度,能反映船舶运动的全貌,通常用于大型或超大型船舶的进出港、靠离码头和锚泊等作业中,可确保船舶安全。

三、声相关计程仪

声相关计程仪是应用相关技术处理水声信息测量船舶航速并累计航程的计程仪。

1. 声相关计程仪的特点

其一,采用垂向发射和接收超声波信号,并对被接收的回波信号的幅值包络进行相关处理来测速;

其二,可用海底跟踪和水层跟踪两种方式,即可测对地的速度,又可测对水的速度;

其三,测量精度不受声速变化的影响;

其四,它同时可测量水深,兼作测深仪使用。

2. 声相关计程仪测速原理

沿船底纵向等间距安装有前向接收换能器B_f、发射换能器B_t及后向接收换能器B_a,前后两接收换能器的间距为S。发射换能器B_t以一定的时间间隔向海底发射超声波脉冲,假设在$t = t_1$时刻,经水底反射回来的回波被前向换能器B_f所接收,如图4-5a)所示。

经过时间间隔τ,即$t = t_2$时刻,回波被后向换能器B_a所接收,船航行的位移为$S/2$,如图4-5b)所示。

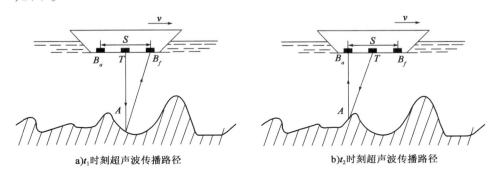

图4-5 声相关计程仪测速原理

由于两换能器接收超声波所走过的路径完全一致,因此可认为这两个回波信号包络幅值$f_1(t)$和$f_2(t)$形状完全相同,只是在时间上相差了一时间间隔τ,如图4-6所示。

我们称这两个信号是互相关的,τ为相关延时。τ可用下式表示:

$$\tau = \frac{1}{2} \cdot \frac{S}{v} \quad \text{或} \quad v = \frac{1}{2} \cdot \frac{S}{\tau} \tag{4-7}$$

式中,S为两接收换能器的间距,为定值;延时τ可以用相关接收技术进行测量,所以船速v便可求得。声相关计程仪工作的基本过程是:将两个接收换能器所接收的回波信号,经过放大和延时器处理后,送到一个乘法器,经过乘法运算后输出$f(t)$和$f(t+\tau)$的乘积,再送到一个积分器作积分运算求取它们的相关函数,相关函数的大小随延时器的延时量而变化,仅当延时为 τ 时,相关函数的值取最大。此时,对应的 τ 即为要求的延时。然后经过换算后由显示器以模拟或数字显示方式显示出船速和航程。

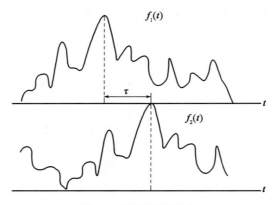

图 4-6 相关延时的测定

第五章 船用 VHF 无线电通信

第一节 概 述

一、水上无线电话种类及使用频率

水上无线电话是指采用中/高频、高频,甚高频及特高频等水上专用频率进行船舶间或船岸间的无线电话通信。依据其使用的频率可分别称其为:

中频(MF)无线电话——1065～4000kHz;
高频(HF)无线电话——4000～27500KHz;
甚高频(VHF)无线电话——156～174MHz;
特高频(UHF)无线电话——1.5～1.6GHz。

中、高频无线电话用于中距离的通信;VHF 无线电话用于近距离的无线电话通信。内河船舶主要采用 VHF 无线电话通信,这也是本章的主要学习内容。

二、VHF 无线电话

VHF 无线电话作为水上移动电台的一种近距离通信工具,在水上船舶通信中发挥着巨大的作用。内河船用甚高频无线电话(VHF)主要用于船舶与沿航线港口作进出港联系、船舶与沿航线航标站联系、船舶之间的航行联系,本船队之间的作业联系和其他通信联系(如应急、呼救等)。因此,它也是沟通船对船、船对岸、岸对船以及本船队之间近距离信息联系的一种助航仪器。

1. 输出功率

目前大多数船载 VHF 无线电话机有两种输出功率供选择——25W 和 1W。大功率用于通信距离较远、需要较强的发射信号,小功率用于近距离通话,减少了船舶间的信号干扰。岸台 VHF 无线电话机输出功率为 50W。

2. 工作模式

VHF 无线电话的常用工作方式有两种——单工模式与双工模式。

(1)单工模式。电信通路的每一方交替收发信号。通信时,收/发信号都使用同一个频率。讲话方与收听方不能同时进行。讲话时,须将话筒上的按钮按下(按下后不能收听对方的讲话,此时是讲话模式)。收听时须松开按钮(松开后不能向对方讲话,此时是收听模式)。

(2)双工模式。通话双方的可同时发射/接收信号。通信时,收/发信号使用两个不同的频率。每一方讲话与收听都可同时进行。

3. 静噪控制

调整 VHF 上的静噪控制旋钮,可以控制静噪电平,以便消除噪声。应调整适当(以刚好消除噪声为好),因为在降低噪声的同时也要降低接收信号的灵敏度。

4. 双重值守功能

VHF 按 16 频道(156.8MHz)优先值守的原则,打开双重值守按钮后,也可以同时值守任一所选频道。使用该按钮时,静噪控制无效。(16 频道为国际通用的遇险及安全呼救频道)。

5. VHF 频道

VHF 无线电话的频道又称信道,按照国际无线电规则的规定,目前共设置 57 个频道,01~28 频道、60~88 频道,频道间隔是 25kHz,其中 16 频道保护频道 2 个(75 频道和 76 频道,但未开通)。开通了 55 个频道,其中单工频道 20 个,双工频道 35 个。

目前,70 频道作为数字选择呼叫通信频道,该频道已不能进行电话通信。因此,目前能进行话音通信的频道只有 54 个。

AIS 频道 2 个,占用岸台的 87 和 88 频道。

6 频道(156.3MHz)是船舶间安全会让专用频率,其他电台和业务不得使用。

8 频道(156.4MHz)是长江航道信号台专用频率,其他电台和业务不得使用。

6. 通信距离

VHF 无线电话的通信距离是有限的。理论上通信距离等于视距,因为 VHF 电波不能沿地表弯曲。但大气压力和湿度的增加,某种程度上会增大通信距离,因为大气摩擦导致电波倾向于弯曲传播而不是沿直线传播。

在发射机的发射功率和接收机的灵敏度一定的情况下,另一个影响通信距离的因素是收发信船的 VHF 无线电话天线的高度,通信距离通常情况如下:

(1)岸台与天线高度(距海面)为 90m 的大型游轮的通信距离大约为 60n mile。

(2)岸台与天线高度(距海面)为 9m 的游艇的通信距离大约为 35n mile。

(3)岸台与小艇手持 VHF 无线电话的通信距离大约为 15n mile。

(4)两个小艇用手持 VHF 无线电话的通信的距离大约为 5n mile。

三、VHF 无线电话通信

1. 航行期间 VHF 无线电话的使用注意事项

(1)船靠码头后不需使用时,可以关机(如需再用也可随时开机通话)。

(2)严禁在机上讲私话,通话要简明扼要,仅限于船舶安全、生产等业务,防止泄漏国家机密。

（3）使用船用甚高频无线电话,必须根据有关无线电话管理文件有关规定办理。

2. VHF 无线电话通信程序

（1）VHF 无线电话通信方式。各移动台(船台)安装的 VHF 无线电话,在相同的通信频道上具有相同的发射和接收频率,故船台与船台之间只能在单工频道上进行单工通信。船台与基地台(岸台)之间,在设置的双工频道上接收和发射频率刚好相反且接收和发射频率不相同,可以进行双工通信,在设置的单工频道上也可进行单工通信。

无线电对讲机主要用于船舶内部的通信,母船与救生艇或顶推拖带船舶之间的通信,具有体积小,携带方便的特点。

（2）VHF 无线电话通信。16 频道(156.8MHz)是无线电话国际遇险、安全和呼叫频道(单工频道),还可用于呼叫与回答。

①在 16 频道上进行船舶遇险、安全通信。船舶发生重大危急事项,严重危及船舶安全需立即援助,在船长命令下可使用无线电话的 16 频道发送遇险呼叫和遇险报告。遇险呼叫较其他一切发送具有绝对优先权。所有听到这种呼叫的电台应立即中止可能干扰遇险通信的任何发送,应在遇险呼叫发射频率上继续守听和抄收遇险报告,并迅速报告船长或领导及转接有关单位。当确知遇险通信已顺利进行,在不干扰遇险通信的情况下,方可继续正常的通信业务。

②在 16 频道上进行紧急通信。船舶发生紧急情况,或船上人员患有急病,或发生气象突变,经船长批准后方可发射此信号。除遇险外,紧急信号应比其他一切通信享有优先权。听到紧急信号的所有电台应注意,不要干扰随紧急信号后发送的紧急报告。

③船舶与武汉、南京、重庆、宜昌等江岸话台联络时,可先在第 16 频道上呼叫,沟通后应按岸台指定的工作频道上工作,与其他江岸话台联络可在各岸台工作频道上呼叫和工作。

④专用话台与船台之间的通信应在专用话台核定的工作频率上呼叫和工作。

⑤船舶进入港区与或近距离通话时应放在"小功率"1W 位置;以避免对其他通信的影响。

四、内河船舶关于无线电通信设备的配备要求

1. 对船舶配备无线电通信设备应满足以下一般要求

（1）任何自航船舶应进行船舶与船舶之间的通信和船台与岸台之间的通信。

（2）按照规定配置的无线电通信设备,应具有遇险和安全通信和一般无线电通信功能,但是在任何时间,必须优先确保遇险呼叫和通信。

（3）任何自航船舶,必须具有能接收航行安全信息的功能。

（4）无线电通信设备(除可携式外)应由二套电源供电,一套为船舶主电源,应由主配电板或助航设备分配电板(箱)设独立的馈电线供电;另一套为应急电源或临时应急电源或为无线电通信设备配备的专用电源,其供电时间不少于 1h。

（5）天线及其下引线的设置应尽可能远离烟、通风筒、桅杆及上层建筑等金属结构,其间距应不小于 1m。

①为减少发信机的输出损耗和船上索具受辐射的干扰,应将天线周围的索具用不等距离的绝缘子隔开,绝缘子之间距离可为 2~5m。

②在油船上,船桅钢索具应用绝缘子隔开,绝缘子间距不大于6m;同时,船钢索的末端与船体应用铜绞线进行电气连接。各类天线绝缘子,应由高频高压绝缘材料制成,并有足够的机械强度。

③天线应有避雷保护,当天线处在船舶避雷装置的保护范围以外时,则应另设独立的避雷装置。

2. 无线电通信设备的配备

客船、推(拖)船、货船的无线电通信设备配备,应按船舶分组表及无线电设备最低配备定额表进行配备。

(1)船舶分组表(表5-1)。

船 舶 分 组 表　　　　　　　　表5-1

船舶种类	第一组	第二组	第三组
客船(类别)	第1、2类	第3、4类	第5类
推(拖)船(kW)	≥883	368≤ <883	88≤ <368
货船(GT)	≥1000	300≤ <1000	100≤ <300

(2)无线电通信设备最低配备定额(表5-2)。

无线电通信设备最低配备定额　　　　　　　　表5-2

序号	设备名称	代号	频率(MHz)	工作类型	配备定额		
					第一组	第二组	第三组
1	甚高频无线电话	VHF	156~174MHz	F_3E(或G_3E)	2	1[①]	1
2	对外扩音装置				1	1	1
3	航行安全信息接收装置[②]				1	1	1

注:①第二组的客船应配备2台甚高频无线电话;
　　②若其他设备具有接收航行安全信息功能时,可免设。

3. 无线电配备的特殊规定

(1)除客船、推(拖)船、货船外,如工程船、航标船、供应船等,均按相同总吨位的货船配备。

(2)Ⅰ型客滚船、Ⅱ型客滚船的无线电通信设备按表5-2中第一组配备定额配备。

(3)消防船(艇),根据其推进装置总功率,按表5-1及表5-2推(拖)船的要求配备。

(4)车客渡船及由推(拖)船与车客渡驳组成船队的推(拖)船的无线电通信设备按表5-1及表5-2中客船配备定额配备。

(5)自始发地到目的地,其逆水连续航行时间在0.5h以上至1h且仅在江河两岸固定码头之间从事短途运输的客渡船的无线电通信设备可按表5-1及表5-2中第五类客船配备定额配备。

(6)客驳、危险品、闪点小于60℃的油驳以及60GT的有人驳等非机动船,应至少配置1台可携式甚高线电话(或 VHF)和 1 台可携式对外扩音装置。

(7)推进装置总功小于 88kW 的推(拖)船以及总吨位小于 100GT 的货船,至少应配置 1 台可携式甚高频无电话(或 VHF)、1 台可携式对外扩音装置和 1 台航行安全信息接收装置。

(8)按要求配备集体救生设备的船舶应配备 2 台可携式甚高频无线电话。

(9)对特殊航线的船舶,如配置无线电通信设备时,认为不合适或不必要,则应由用船部门提出,经船舶检验部门同意后可免除有关要求。

五、海事执法机关对船舶检查要点

(1)在驾驶室检查船舶是否按不低于最低配备定额的规定配备无线电设备。

(2)检查无线电通信设备电源输入是否由船舶主电源及应急电源或临时应急电源或为无线电通信设备配备的专用电源两套电源供电。

(3)观测无线电通信设备安装位置与舱室壁的距离是否不小于 50mm,且便于操作和维修。

(4)检查 VHF 是否有 16 频道、6 频道和其他工作频道,对 VHF 进行测试,要求船员与附近船舶或者岸台或者 VTS 中心进行联系,听通话声音是否清晰。

(5)VHF 发信机的输出功率应不超过 25W。如对其输出功率有怀疑时,按 VHF 发射键并查看 VHF 电源电流表。当电流表读数超过 5A 时,则怀疑该 VHF 发信机的输出功率超过 25W,通知船舶通信管理部门进行处理。

(6)到顶棚甲板检查 VHF 天线与烟囱、通风筒、桅杆及上层建筑等金属结构间距是否不小于 1m 且其安装高度不超过避雷装置的高度。

(7)检查可携式甚高频无线电话配备的数量和工况,是否配有备用电池。

(8)检查对外扩音装置工作情况,听通话声音是否清晰,转动操作手柄看转动是否灵活。

第二节　VHF 无线电话的使用和操作

一、VHF 作用

内河船用 VHF 主要用于:船舶之间、船舶与交管中心(VTS)、船舶进出港、船舶与信号台、本船内部等联系,它是沟通船对船、船对岸、岸对船之间近距离信息联系的助航仪器。

二、VHF 基本操作

内河船舶的 VHF 无线电话的型号众多,这里以 IC-M304 为例说明 VHF 电话的使用方法。VHF 收发设备的组成及开机后 VHF 显示屏如图 5-1 和图 5-2 所示。

1. 外观描述

(1)前面板

①【▲】【▼】频道上翻/下翻键:

a. 选择工作频道,设置模式设置等;
b. 同时按住【SCAN】键,可以调整液晶屏亮度和背光;
c. 当另两个被按住的时候,按顺序选择三个频道组中的一个;
d. 打开电源时,按住这两个键来激活 AquaQuake 功能。

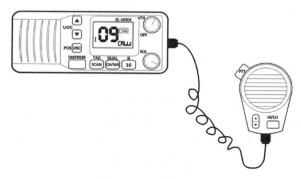

图 5-1　VHF 收发设备

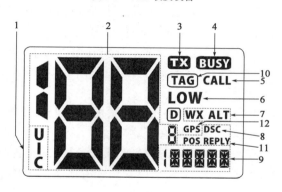

图 5-2　VHF 显示屏

1-频道组指示;2-频道指示;3-发射指示;4-频道忙指示;5-呼叫频道指示;6-低功率指示;7-气象频道指示;8-DSC 指示;9-频道注释指示;10-标记频道指示;11-异频指示;12-GPS 指示

②【VOL】电源/音量调节:

旋转打开和关闭收发器的电源和调整无线电通信音量。

③SQL 静噪控制:

旋转设置静噪级别。

④频道 16/呼叫频道键:

a. 按键选择频道 16;
b. 按住 1 秒选择呼叫频道;
c. 当选择呼叫频道时,按住 3s 进入呼叫频道编程状态;
d. 当按住【CH/WX】时,进入频道评论编程状态。

⑤CH/WX——频道/天气预报频道键:

a. 选择和切换正常频道和天气频道;
b. 按住 1s,来启动双看或三看;

c. 当任一被激活,按键停止双看或三看。

⑥SCAN 扫描键:

a. 按键启动或停止正常或优先扫描;

b. 按住 1s,设置或清除显示频道作为标记频道;

c. 当按住麦克风上的[HI/LO]键 3 秒,以清除选定频道组中的标记频道。

⑦DISTRESS 遇险呼救键:

按住 5s 会发送一个求救电话。

⑧DSC/位置键:

a. 按键进入 DSC 菜单;

b. 按住 1s,全球定位系统接收机会显示当前位置。

(2)麦克风

①PTT 开关:

按住发送,松开接收。

②频道上翻/下翻键【▲】【▼】:

按任意键来改变操作频道,设置模式设置等。

③发射功率键 HI/LO:

a. 推动切换功率的高低;

b. 当按住[HI/LO]键时,打开电源,切换麦克风锁定功能。

2. 基本操作

(1)开关机操作。

内河船 VHF 设备的开关键主要有两种:旋钮开关和按钮开关。

旋钮开关:通过顺时针旋转电源/音量【VOL】按钮,听到"咔嗒"一声开机;关机时,先将静噪键【SQL】逆时针旋转到底,然后逆时针旋转电源/音量【VOL】按钮,听到"咔嗒"一声关机。

按钮开关:通过长按电源按钮约 2s 开关机。

(2)音量控制操作。

音量控制是控制本机收听声音的大小。旋转式音量键,顺时针声音调大,逆时针声音调小;按键式音量键,通过上下键调整,上键调大,下键调小。

(3)静噪控制。

顺时针转动旋钮,当噪声刚好消失时为宜。若转动旋钮过多,会抑制部分远距离的微弱有用信号。

(4)制式操作。

内河船舶 VHF 通常有三种制式:国际制式"I";美国制式"U";加拿大制式"C"。主管机关要求船舶与交管中心的联系必须采用国际制式"I"。

(5)功率的选择。

近距离联系使用低功率 1W,低功率发射时一般显示"LOW"或"L",如图 5-2 中 6 所示。远距离联系使用高功率 25W,国家主管部门规定不能违法使用超过 25W 的 VHF。

(6)双重值守操作。

船舶与船舶之间使用6频道通信时,按下双重值守候键【CH/WX】,VHF将同时守听6频道和16频道,16频道优先接收。如果是三重守候,VHF将同时守听6频道、9频道和16频道。16频道是遇险安全频道,9频道是公共信息频道。

(7)双工操作。

使用双工频道时,屏幕上将显示"DUP"标志。一直按住【PTT】送话按钮不放,可以同时进行呼叫和守听。

三、VHF通话管理

(1)VHF作为一种保障船舶安全的助航设备,在航行、停泊和作业过程中,应按照规定的频道值守,收听有关船舶航行安全和船舶动态信息。

(2)在VHF值守过程中,任何人员禁止在VHF中谈及与航行安全无关的事情,船长和驾驶员必须以身作则,绝不能将其作为聊天工具。

(3)使用VHF通话时,语言须简明扼要。

第六章 船舶自动识别系统(AIS)

第一节 AIS 系统组成与功能

自动识别系统(Automatic Identification System,AIS)是在甚高频(VHF)水上移动频段采用时分多址接入(Time Division Multiple Access,TDMA)技术,自动广播和接收船舶动态信息、静态信息、航次信息和安全消息,实现船识别、监视和通信的系统。AIS 由船载移动站、基站(岸站)及其设施、航标站和机载及搜救移动站等共同组成,是近年来多个国际组织,如国际海事组织(IMO)、国际电信联盟(ITU)、国际电工委员会(IEC)、国际航标协会(IALA)以及国际海道测量组织(IHO)和国际标准化组织(ISO)等共同倡导研究开发的,以信息技术为主导,集卫星定位技术、数字通信技术、信息处理技术和计算机网络技术等多门类高科技为支柱的数字助航系统。

在通常情况下,AIS 船载设备的工作不需要人工干预,按照 TDMA 协议,使用 VHF 数字应答器,在规定的信道上,自动连续发射本船静态信息(Static data)、动态信息(Dynamic data)、航次相关信息(Voyage related data)和安全相关短消息(Short safety-related messages),并与其他船站、航标站、转发站和基站直接或通过网络及远程通信系统间接进行 AIS 信息交换,实现船对船、船对岸和岸对船的识别、导航信息和航行安全相关短消息的有效交换,辅助驾驶员、船务公司、港航企事业管理和海事主管部门决策,完成船舶识别与避碰、狭水道导航、引航调度、水上交通管理和水上搜救等任务。

一、AIS 的分类

从安装使用环境角度,AIS 设备包括固定设施和移动设备两部分。固定设施的安装位置可固定在陆地或海上,目前主要包括基站(Base Station,BS)设施、AIS 单工或双工转发器(AIS Simplex or Duplex repeater)。基站设施也分为两种。一种为全功能基站设施,可用于 AIS 主管机关、港口监控设施和 VTS 中心,组织协调所辖区域的 AIS 通信,获取船舶及所载货物资料和船舶动态信息,同时还可与一个或多个转发器配合,存储并在一定的区域内转发 AIS 信息,扩展 AIS 的作用范围等,完成多种任务。另一种基站设施只用于监视 AIS 信息,对系统不具备控制能力,称为限制功能基站设施。AIS 转发器多与基站联网配合工作,转发器既有双工工作,对所接收到的数据不加处理,在两个信道上采用同一个时隙实时转发,也有单工工作,对所接收到的数据根据通信技术协议进行一定的处理,在与接收数据相同信道上采用另外的时隙尽快转发。固定设施是 AIS 岸基网络的基本物理单元。

移动设备包括船载、机载和航标(Aid to Navigation,AtoN)设备三类。AIS 船载移动设备又分为 A 类和 B 类,是自动识别系统的主体。A 类采用自组织时分多址(Self Organized Time Division Multiple Access,SOTDMA)技术,满足 IMO 关于 AIS 船载移动设备的所有相关要求。B 类设备采用 SOTDMA 技术和载波侦测时分多址(Carrier-sense TDMA,CSTDMA)技术两种,是功能简化的 AIS 设备,可以不完全满足 IMO 关于 AIS 船载移动设备的装载要求,用于非 SOLAS/公约要求的船舶,目的在于使其能够在 AIS 网络中实现船舶互见。AIS 机载设备应用于搜救飞机,支持海面搜救行动。AIS 航标安装在重要的导航设施上,能够有效提高导航设施的助航能力或设置为虚拟 AIS 航标,独立完成航标任务,保障船舶交通安全。

从对系统控制能力角度看,AIS 设备又分为数据传输链路可控站(全功能重述)和非控站(其他所有 AIS 设备)。无论分类如何,AIS 设备的基本工作原理相同,但不同设备硬件的配置品质级别和软件应用能力差别很大,不同类型 AIS 设备发送的信息也有差别。

二、AIS 的组成

AIS 是由岸基(基站)设施和船载设备共同组成,AIS 基站可以和配有 AIS 设备的船舶进行指定模式的通信是一种新型的集网络技术、现代通信技术、计算机技术、电子信息显示技术为一体的数字助航系统和设备,典型的船载 AIS 设备构成如图 6-1 所示。

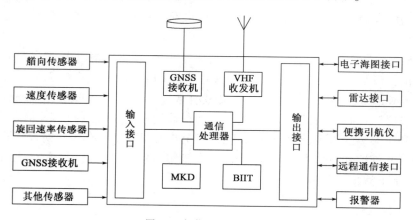

图 6-1 船载 AIS 设备组成

外围设备包括船舶运动参数传感器和显示、通信及警报设备。船舶运动参数传感器有艏向传感器一般为陀螺罗经;船舶对地速度传感器,一般为计程仪或全球导航卫星系统(GNSS)接收机;船舶旋回速率传感器,一般为船舶转向计或陀螺罗经,有的船舶未配备此传感器;此外,如果具备条件,反映船舶姿态等的其他传感器的信号也应通过输入接口与 AIS 设备主机连接。AIS 信息还可以显示在其他航海仪器的显示终端上,如电子海图显示与信息系统(ECDIS)、雷达等,能够有效地增强它们的功能。AIS 设备主机都设有便携式引航仪(Personal Pilot Units,PPU)接口,能够与引航员的便携引航设备或计算机连接。如果将 AIS 数据输出到 VDR 保留,则可以方便日后调查取证和研究。如果将 AIS 设备主机与远程通信终端设备(如 GMDSS 或卫星通信站)连接,则 AIS 数据的传输距离可以不受 VHF 通信距离的限制,但 B 类 AIS 设备可不支持远程通信。AIS 设备及功能的警报可以通过表示接口(Presentation Interface,PI)输出,以触发外置警报器。

AIS 设备主机由通信处理器、内置(差分)卫星定位(GNSS)接收机、VHF 数据通信机(1 台 VHF TDMA 发射机,2 台 VHF TDMA 接收机和 1 台 VHF DSC 接收机)、内置完善性测试(Buit-in Integrity Test,BT 或 Built-in Test Equipment,BITE)模块、船舶运动参数传感器输入接口、数据输出接口以及简易键盘与显示(Minimum Keyboard Display,MKD)单元等组成。

通信处理器是 AIS 设备的核心,组织和协调数据的处理、显示、编码和发送。通信处理器操作者或主管机关 AIS 基站的请求,控制 VHF-TDMA 收发机或远程通信设备选择及切换信道,完成近程或远程通信。通信处理器将固化的静态数据、各传感器实时传送的动态数据、驾驶员事先输入的航次相关数据和随时输入的与航行有关的安全消息编码,控制 VHF 发射机按照 TDMA 协议,在两个信道上交替广播发送 AIS 数据。同时通信处理器还对接收到的来自其他 AIS 设备的数据解码,按照驾驶员的选择,将信息显示在显示单元(MKD)或其他外接显示设备上。

AIS 设备内部都集成了 GNSS 接收机,用以提供本船船位、对地航速/航向以及定时基准。A 类设备往往还配备外接 GNSS 接收机(船舶主 GNSS 接收机)提供以上信号,当外接设备信号中断时,自动切换内部接收机。为了在沿海和内河水域获得更精确的船位,通常可使用差分 GNSS 接收机。

MKD 是 AIS 设备的人机交互界面,满足 IMO 的最低配置要求,操作者通过简易键盘可以将信息输入到 AIS 设备,显示屏能够以最少三行文字显示信息。

BIT 能够连续监测 AIS 设备工作状态和数据的完善性,当监测到任何影响 AIS 设备正常工作或数据的完善性的因素时,能够在显示器上显示警报信息,并每隔 30s 通过 PI 重复输出警报。操作者可使用 MKD 或其他外接设备对警报信息予以确认或消除警报。

B 类 CSTDMA 设备通常只有简化的输入输出接口,可不接任何外接传感器和显示及远程通信设备,也不提供包括简易键盘在内的输入设备,但应具有键盘输入的接口,以便在安装设备时进行初始化输入。

三、AIS 的功能

AIS 的主要功能有识别船只、协助追踪目标、简化信息交流、提供其他辅助信息以避免船舶碰撞发生。船载 AIS 设备由接收机、发射机和显示终端组成,产品通过 GPS 接收本船的位置信息,连同本船的 MMIS 号、船名、呼号、船长、货物种类等船舶静态数据,以及航向、航速、位置、相对距离等船舶航行动态数据信息通过发射机发射出去。同时,也能实时获取周边安装使用 AIS 设备的船舶发送出的 AIS 信息,显示终端将接收到的 AIS 信息进行处理计算,在两船的距离接近到一定程度时发出报警,这样可以提示船员预先采取措施,防范事故的发生。显示终端可以对通过 AIS 主机接收到的紧急呼救信息发出呼救提示,并显示出呼救船只的基本信息,呼救信息(包括时间、地点及相关船舶信息等)将会被保存下来。

四、AIS 设备维护检查和保养要求

(1)查看开关情况,建议船方保持常开状态。
(2)查看电源连接情况,该设备应由主电源供电,另外还接入备用电源,驱动 AIS 和相应

的传感器,开航前纠正。

(3)查看 GPS、罗经信号等是否按要求接入,一般为开航前纠正。

(4)查看动态信息输入情况。每航次开始前必须由船长或船长指定人员手动输入航次动态,包括始发港、目的港、吃水、货物名称等。在检查时,须检查船舶当前动态包括在航、锚泊、系泊、靠泊等,发现错误应立即纠正。要随时保持产品的清洁,使设备在通风、干燥、常温的稳定条件下工作。

(5)勿在带电情况下随意移动、振动设备。勿将酸性、碱性物品置于设备表面,按照使用手册正确操作设备,尽量避免非常规操作。

(6)设备出现异常情况应立即断电,以免造成设备更大的损坏或引起其他突发事件的发生。

(7)设备开机后必须要保证射频端口可以正确连接天线或馈线,任何情况下不允许在设备工作过程中拆除射频连接电缆,以免造成设备内部放大模块的损坏。

五、内河相关法规对 AIS 设备装配规定

内河规则对船载自动识别系统和船载电子海图系统的配备要求进行了统一和明确。

(1)总吨位大于或等于 100GT 的船舶应配备一台 A 级或 B 级船自动识别系统(AIS)。

B 级 AIS 设备应符合中华人民共和国海事局《国内航行船舶船载 B 级自动识别系统(AIS)设备(SOTDMA)技术要求(暂行)》或国际电工委员会(IEC)62287-1 标准《海上航行和通信设备与系统 B 级船载自动识别系统(AIS)第一部分:载波侦听时分多址技术(CSTDMA)》。

(2)总吨位大于或等于 1000GT 的客船、液货船应配备一台船载电子海图系统(ECS)。

船载电子海图系统应符合中华人民共和国海事局《国内航行船舶船载电子海图系统(ECS)功能、性能和测试要求(试行)》中的 A 级设备要求,或满足 IMO MSC.232(82)决议对电子海图显示与信息系统(ECDIS)的要求。

根据《中华人民共和国海事局印发船载 B 级自动识别系统(AIS)新增技术要求》和《中华人民共和国海事局关于开展对船载 AIS 设备静态信息固化升级有关工作的通知》,提高了 B 级设备的相关要求,并要求客船、危险品船舶应于 2016 年 4 月 30 日前完成升级,其他船舶应于 2016 年 7 月 31 日前完成。主要新增技术要求为:

禁止用户随意修改静态信息。静态信息在 AIS 设备安装时输入,应通过外部接口写入 AIS 设备,不能通过人机界面进行更改。静态信息只有在船舶变更船名、MMSI 或船舶类型时才需要更改。

自动记录开关机时间。AIS 设备应能记录并存储最近不少于 10 次的开机和关机时间,同时每 5min 查询设备是否处于工作状态,并记录最近一次处于工作状态的时间。开关机记录可通过人机界面进行查阅,也可通过外部接口导出到移动存储介质中。

(3)检查要点。

①船舶是否按配备要求安装 AIS。

②AIS 是否由稳压电源供电,接线是否牢固。

③AIS 是否安装在驾驶处所,在驾驶过程中能方便查看,天线是否安装正确。

④AIS 设备能否在开机后 2min 内正常工作,即能否正常接收并显示相应信息。显示器是否能正常显示信息,面板上各功能按钮是否能正常使用。

⑤进入"本船"界面,检查本船的静态信息、如船名、海上移动通信业务标识(MMSI)、船舶尺度是否与证书中数据一致。

⑥船舶 AIS 显示的动态信息和与航次相关的信息是否正确。

⑦查看设备自动记录开关机时间,确定 A1S 是否保持常开状态。

六、船载 AIS 信息

AIS 自动发送和接收规定格式的文本信息,根据国际标准,船载 AIS 信息可以分为静态信息、动态信息、航次相关信息和安全短消息四类,其中前三类为基本信息。A 类设备应能接收和发射所有四类信息。B 类 SOTDMA 设备可以发射和接收前三类信息的主要内容,并能够接收安全相关短消息。B 类 CSTDMA 设备在系统可利用时隙不足时,则只发射 MMSI 和船舶位置信息。

1. 静态信息

所谓静态信息是指 AIS 设备正常使用时,通常不需要变更的信息。静态信息在 AIS 设备安装的时候设定,在船舶买卖移交时需要重新设定。船载 AIS 设备静态信息如表 6-1 所示。

AIS 船载设备静态信息　　　　　　　　　　　　　表 6-1

信息标称	输入方式	输入时机	更新时机
MMSI	人工输入	设备安装	船舶变更国籍买卖移交时
呼号和船名	人工输入	设备安装	船舶更名时
IMO 编号(有的船没有)	人工输入	设备安装	无变更
船长和船宽	人工输入	设备安装	若改变,重新输入
船舶类型	人工选择	设备安装	若改变,重新选择
定位天线位置	人工输入	设备安装	双向船舶换向行驶时或定位天线改变时

表中的 MMSI 为海上移动通信业务标识,亦称 AIS 设备的 ID 码,格式为 MIDXXXXXX,其中 MID 是国家区域码,XXXXXX 是船舶识别码。MSI 在全球是唯一的。ABS 设备仅在写入 MSI 的时候,才能够发射信息。定位天线的位置(如图 6-2 所示)。

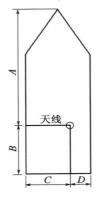

图 6-2　定位天线位置

A-天线到船首的水平距离;*B*-天线到船尾的水平距离;*C*-天线到左舷的水平距离;*D*-天线到右舷的水平距离

应输入 CNSS 天线到船首尾和左右舷的距离，AIS 设备一般能够提供内置和外置两个 GNNS 天线位置记录，当 GNSS 设备在内置和外置之间转换时，天线的位置信息自动更新并报告。如果本船有两个以上的外置 GNSS 接收天线可转换使用，或可换向船舶换向航行时，该信息应及时手动更新并报告。

在 AIS 设备中关于船舶种类，依设备厂家型号不同有多项可选择，表 6-2 列出常见的 22 种。

船 舶 种 类 表　　　　　　　　　　　　　　　表 6-2

Passenger ship	客船	Pleasure craft	游艇
Cargo ship	货船	HSC	高速船
Tanker	油船	pilot vessel	引航船
WIG	地效翼艇	Search and rescue vessel	搜救船
Fishing vessel	渔船	TUG	拖船（拖轮）
Towing vessel	拖带船	Port tender	港口供应船
Towing vessel L>200m B>25m	拖带船长>200m 宽>23m	With anti-pollution equip	防污染设备船
Dredge/underwater operation	挖泥/水下作业船	Law enforcement vessel	法律强制船
Vessel-diving operation	潜水作业船	Medical transports	医务运输船
Vessel-military operation	军事作业船	Resolution No. 18 MOB-83	18 号决议规定的船
Sailing vessel	帆船	Other type of ship	其他种类船舶

2. 动态信息

所谓动态信息是指能够通过传感器自动更新的船舶运动参数。AIS 船载设备动态信息一览表如表 6-3 所示。

AIS 船载动态信息表　　　　　　　　　　　　　表 6-3

信息标称	信息来源	更新方式	数值及分辨率	备 注
船位	GNSS	自动	经纬度,1/10000n mile	附精度/完善性状态信息
UTC 时间	GNSS	自动	日期与时间,s	附精度/完善性状态信息
COG（对地航向）	GNSS	自动	0°~359°,1°/10	可能缺失
SOG（对地航速）	计程仪或 GNSS	自动	0~102.2kn,1/10kn	可能缺失
船首向	陀螺罗经	自动	0°~359°,1°/10	
航行状态	值班驾驶员选择更改	手动	见表 6-4	应配合号灯和号型改变
ROT（旋回速率）	ROT 传感器或陀螺罗经	自动	左/右,0°~708°	可不提供
（选项）首倾角	相应传感器	自动	角度,1°/10	可不提供
（选项）纵摇/横摇	相应传感器	自动	角度,1°/10	可不提供

动态信息包括船位信息、UTC 时间、对地航速/航向、船首向、人工输入航行状态[如失控（NUC）、在航、泊等]、船舶旋回速率（如果有）、吃水差（如果有）、纵倾与横摇（如果有）等。通过这些信息，能够掌握船舶的实时航行状态。

船位信息采用 WCS84 坐标系，并附有精度信息和完善性状态指示，精度信息一般显示为优于或劣于 10m。COG 和 SOG 由能够提供对地速度的计程仪或 GNSS 定位仪计算得出，个别旧型号的 GPS 定位仪可能无此计算功能，如果也未连接计程仪，则不能给出此信息。目前还有相当数量的船舶不能给出 ROT，大多数船舶不能提供首倾角纵倾和横倾信息。航行状态需要值班驾驶员（OOW）从操作菜单中手动选择更改，一般 AIS 船载设备中，航行状态的选项根据设备厂家型号不同而不同，常见的选择如表 6-4 所示。

航 行 状 态　　　　　　　　　　　　　　　表 6-4

Under way using engine	主机在航	Moored	系泊
Under way sailing	驶风在航	Aground	搁浅
At anchor	锚泊	Engaged in fishing	从事捕鱼
Not under command	失控	Reserved for HSC	高速船留用
Restricted maneuverability	操纵能力受限	Reserved for wig	地效翼艇留用
Constrained by her draught	吃水受限	Not defined	未定义

3. 航次相关信息

所谓航次相关信息亦称航行相关信息，是指驾驶员输入的、随航次而更新的船舶货运信息，具体如表 6-5 所示。

航次相关信息　　　　　　　　　　　　　　　表 6-5

信息标称	输入方式	输入时机	信息内容	更新时机	备 注
船舶吃水	手动输入	开航前	开航前最大吃水	根据需开航前最大吃水	
危险品货物	手动选择	开航前	危险品货物种类	货物装卸后	主管机关要求时
目的港/ETA	手动输入	开航前	港口名和时间	变化时	经船长同意
航线计划	手动输入	开航前	转向点描述	变化时	经船长同意

4. 安全相关短消息

所谓安全相关短消息亦称安全短消息，可以是固定格式的，如岸台发布的重要的航行警告、气象报告等，也可以是驾驶员输入的自由格式的、与航行安全相关的文本消息。安全相关短消息可以寻址方式单独发送或群发给以 MMSI 为地址的特定船舶或船队，也可用广播的方式发给所有船舶。系统对每条消息字数有限制，寻址发送最多为 156 个字符，广播发送最多为 61 个字符。目前对消息的内容和格式还没有严格规定，但作为驾驶员应遵守职业道德，发送安全相关短消息的内容应与航行安全有关。B 类 AIS 船载设备可不具有发送安全相关短消息的能力。

第二节　AIS 的操作

一、船舶自动识别系统的作用

船舶自动识别系统(AIS)由岸基(基站)设施和船载设备共同组成,是一种新型的集网络技术、现代通信技术、计算机技术、电子信息显示技术为一体的数字助航系统和设备。船载 AIS 一般具有船舶自动识别、收发信息、目标船信息显示及 GPS 导航等功能。

二、船载 AIS 主要操作

内河船舶 AIS 型号较多,功能和操作方法大致相同,本节以 SPAT-1000B-Ⅱ型船载 AIS 为例进行介绍,如图 6-3 所示,其主要操作如下:

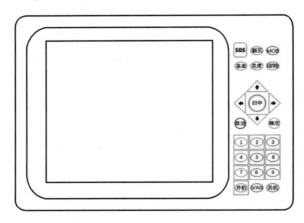

图 6-3　AIS 设备

1. 按键功能

(1) 开机:开机。

(2) 关机:关机。

(3) 0-9:输入经纬度、区号、航点号、航线等数字信息(均为复用键)。

(4) 取消:取消或退出某项菜单选择。

(5) 翻页:用于电子罗盘屏、海图屏及卫星状态屏的切换。

(6) 确定:确认某项菜单选择,使其有效;确认某个数据输入或修改,使其有效。

(7) 旋转:每按一次将海图旋转 90°。

(8) 游标:开关游标状态。

(9) 快捷:航点、航线、标记、测距和空闲五种状态间切换,在相应状态下确认键用于设置,取消键用于删除。

(10) 航迹:开关航迹记录。

(11)MOB:开关 MOB 紧急导航。

(12)缩小:缩小海图,共计 16 级。

(13)放大:放大海图,共计 16 级。

(14)↑↓⟵⟶:移动游标、海图及菜单光标。

(15)归中:游标状态下,以游标为中心重新画海图;游标关闭状态下,以当前船位为中心画海图。

(16)菜单:开/关主菜单。

(17)亮度:调整液晶的亮度,共 8 级。

(18)目的地:提取目标航点。

(19)O/AIS:在正常的海图屏工作状态下,按此键机器进入 AIS 工作状态,此时屏幕出现以船位为中心的两个圆形图案,并且显示周围接收到的目标船只。

2. AIS 消息

(1)向指定地址发送二进制短信和文本短信。

(2)向周围船广播二进制短信和文本短信。

(3)接收并显示周围船广播或发向本船二进制短信和文本短信。

通过菜单可以发送 AIS 短信,包括广播短信(群发短信)、寻址短信(向某一船只发送信息)两种。具体操作如下:

①通过菜单切换到 AIS 消息,选择 1 寻址短信,按选定按钮选择寻址二进制或寻址文本;

②输入 MMSI 号进入短信编辑;选择 2 广播信息,按选定按钮选广播二进制或广播文本;

③按确定按钮进入短信编辑。信息编辑完后,按取消按钮关闭输入法,按确定按钮将编辑的短信发出。

3. AIS 排序

(1)将列表中的船只按距离排序(由近到远排序)。

(2)将列表中的船只按 MMSI 号进行排序(由大到小排序)。

(3)将列表中的船只按航速进行排序(由快到慢排序)。

4. AIS 列表

(1)显示接收到的船只。

显示终端通过列表方式显示收到船只 MMSI 号、船名、速度、距离和状态,船只总数。

状态:X + Y

X 表示船只是否定位,A 表示定位,N 表示未定位;

Y 表示船只类型,A 表示 ClassA,B 表示 ClassB,C 表示基站,N 表示航标或灯船,S 表示搜救直升机。

(2)若本船 10min 内未收到列表中船只的 AIS 信号,自动将该船从列表中删除。

(3)按↑↓按钮可以移动查看框,按确定按钮可以查看被查看框选中的船只详细信息。

　　5. AIS 查找

　　可输入 MMSI 或者船名进行查找。输入方法与编辑短信一致,若本船已收到查找的船只,则弹出查找船只的详细信息。

　　6. 历史消息

　　可查看设备收到的消息。

第七章 船用雷达

雷达发明于第二次世界大战前夕，借助战争，雷达技术得到了迅速发展。第二次世界大战之后，雷达技术在多个领域转为民用。应用于船舶导航的雷达称为船舶导航雷达，也称为航海雷达或船用雷达。

第一节 雷达目标探测与显示基本原理

一、雷达装置的基本组成部分及作用

传统的船舶导航雷达系统由天线、收发机和显示器组成，为了帮助驾驶员更好地获得海上移动目标的运动参数，现代雷达大多配备了自动雷达标绘仪(Automatic Radar Plotting Aids-ARPA)或具备自动目标跟踪功能，使雷达在避碰中的作用和效果得到了进一步提高。随着现代科技的发展，基于信息化平台的新型航海仪器和设备不断出现，与传统的导航雷达实现了数据融合与信息共享。电子定位系统(EPFS)通常采用卫星导航系统(GNSS，目前主要为GPS和北斗)信息为船舶提供了高精度的时间和船位参考数据，AIS为雷达提供了目标船有效的身份识别手段。这些技术的进步，促进了船舶导航雷达技术的发展。

船舶主GNSS设备为系统提供WGS-84船位和时间数据；陀螺罗经发送艏向装置(THD)为系统提供航向数据；SDME(船舶航速和航程测量设备)通常为计程仪，提供船舶航速数据；雷达传感器提供本船周围海域的图像信息，信息处理与显示系统处理雷达图像，跟踪移动目标，获取目标的运动参数；AIS报告周围船舶识别信息和动态数据以及航标数据；扩展选装的海图系统提供水文地理航行的必要数据，所有数据在雷达终端显示系统上融合共享。所有的传感器都可以独立工作，其中某个传感器发生故障，不影响其他传感器信息的显示。系统会报警提示。驾驶员在操作雷达时，应随时注意屏幕警示信息。驾驶员通过雷达显示系统操控面板控制雷达系统，获得最佳定位、导航和避碰信息。

雷达传感器采用收发一体的脉冲体制，通常由收发机和天线组成。信息处理与显示系统是基本雷达系统的必要组成部分。根据分装形式不同，雷达设备可分为桅下型(俗称三单元)雷达和桅上型(俗称两单元)雷达。桅下型雷达主体被分装为天线、收发机和显示器三个箱体，一般天线安装在主桅或雷达桅上，显示器安装在驾驶台，收发机则安装在海图室或驾驶台附近的设备舱室里。如果收发机与天线底座合为一体装在桅上，则称为桅上型雷达。桅下型雷达便于维护保养，多安装在大型船舶上，一般发射功率较大；而中小型船舶常采用发射功率较低的桅上配置，设备成本也较低，不便于维护保养。

二、基本雷达系统组成框图

基本雷达系统的工作原理框图如图7-1所示。与雷达出厂分装相比，原理图中的定时器、发射系统、双工器和接收系统构成了雷达收发机。

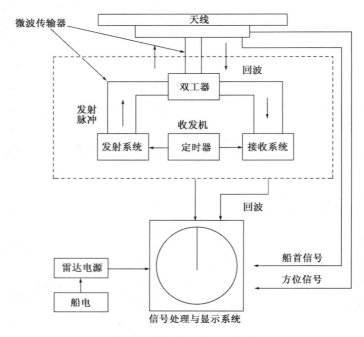

图7-1 基本雷达系统原理框图

三、基本雷达系统工作原理

1. 定时器

定时器或定时电路又称为触发脉冲产生器或触发电路，是协调雷达系统的基准定时单元。该电路产生周期性定时(触发)脉冲，分别输出到发射系统、接收系统、信息显示系统以及雷达系统的其他相关设备，用来同步和协调各单元和系统的工作。

2. 发射系统

在触发脉冲的控制下，发射系统产生具有一定宽度和幅度的大功率射频脉冲，通过微波传输线传送到天线，然后向空间辐射。

3. 双工器

双工器又称收发开关。雷达采用收发共用天线，发射的大功率脉冲如果漏进接收系统则会造成接收系统前端电路器件损坏。发射系统工作时，双工器使天线只与发射系统连接阻止大功率发射脉冲进入接收系统，从而保护了接收电路；发射结束后，双工器自动使天线与接收系统连接，避免回波信号损失，从而实现天线的收发共用。

4. 天线

雷达天线具有较强的方向性和较高的增益，能够定向发射和接收雷达波。雷达天线是一种方向性很强的天线（水平波束宽度<3°；垂直波束宽度：15°~30°）。它把发射机经波导馈线送来的射频脉冲的能量聚成很细的波束向天线所指的方向辐射出去，即定向发射；同时，也只接收从该方向物标反射回来的回波信号，并再经波导馈线送入接收机，即定向接收，且雷达的发射机、接收机共用同一架天线，即收、发共用。

船用雷达天线由驱动电机带动匀速旋转，转速一般为15~30r/min。天线在旋转过程向显示器发出船首位置信号，即船首标志，以及向显示器发出天线偏离船首方向的角度位置信号，即方位同步信号。

5. 接收系统

雷达接收系统具有良好的选择性、很高的放大量、较宽的通频带和动态范围，能够将天线接收到的、微弱的、混杂着干扰杂波、在噪声背景下强度变化很大的有用目标回波处理放大，并将清晰的回波视频输出给信息处理与显示系统。

6. 信息处理与显示系统

接收系统输出的视频回波信息在信息处理与显示系统中还需进一步处理，去除各种干扰，并合并各种刻度标识、测量工具和人工视频信息，最终显示在显示器上。驾驶员使用刻度标识能够精确测量回波距离和方位，获得需要的避碰和导航信息。传统的雷达显示器只是PPI圆域画面，显示雷达探测到的目标回波、各种杂波、雷达噪声以及各种为便于使用而设的雷达刻度标识和测量工具，如距离、船线和电子方位线等。现代雷达采用工业级计算机处理雷达信息，雷达屏幕工作显示区域只是屏幕的一个平面位置图像窗口。在工作显示区域周围的4个角落，通常为雷达的工作状态指示、操作状态显示和测量数据读取区域。屏幕左右侧的矩形窗口多为传感器及雷达设备的设置及其状态显示、目标参数显示、操作菜单区域等。在雷达显示器上，通过控制面板的各种开关旋钮或操作屏幕菜单能够控制雷达的所有功能。

7. 电源

雷达设计有独立的电源系统，将船电转变为雷达需要的电源，以确保向雷达系统稳定可靠地供电。雷达电源的电压与船电基本相同，通常在100~300V之间，但其频率一般高于船电频率，在400Hz~2kHz之间，称为中频电源。采用中频电源，能够有效隔离船电电网干扰，向雷达输出稳定可靠的电源，缩小雷达内部电源相关元件尺寸，从而减小雷达设备的体积和重量。

目前雷达电源均采用开关电源，直接将船电变换为雷达触发电源，供雷达工作。这种电源转换设备工作稳定可靠、输出精度高、体积轻巧、故障率较低、维护方便。

在触发脉冲的控制下，雷达完成发射、接收和显示，驾驶员能够在显示器上测量出目标相对于本船的距离和方位。触发脉冲的每一个周期，控制雷达完成一次发射和接收；在触发脉冲的同步控制下，雷达信息处理与显示系统开始工作。例如，天线转速为20r/min，脉冲重复频率为1000Hz，则雷达完成一周圆周扫描就有3000次发射和接收，将回波存储在以本船位置和船首方位为基准的、按照距离和方位地址划分的存储单元中。信息处理与显示系统对回波做进一步处理后,在工作显示区域,按照显示的要求,以扫描起始点为本船位置,以首线为方位基准,以径向扫描线的方式从存储单元中读取回波信息。将回波信息按照存储单元记录的距离和方位显示在屏幕上。于是,雷达传感器探测到的本船周围的目标就能够以距离和方位确定的位置准确地显示在工作显示区域,形成一个完整的雷达环扫画面。此过程如图 7-2 所示。

四、雷达目标分辨力

海面上两个非常接近的相似目标,如果在雷达屏幕上刚好能够被分开显示为两个目标,则这两目标能够被分开的实际间距和方位夹角表征了雷达目标分辨能力。雷达目标分辨能力是近量程雷达观测非常关键的指标。

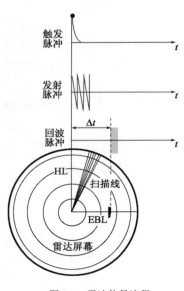

图 7-2　雷达信号流程

雷达分辨目标的能力与发射系统、天线、接收系统和信息处理与显示系统的多项技术指标有关,还与气象海况以及雷达操作技术有关。为了讨论方便,先分别从屏幕的径向和圆周方向讨论雷达的目标分辨能力,即雷达的距离分辨力和方位分辨力。

1. 雷达距离分辨力

雷达分辨相同方位相邻两个点目标的能力,称为距离分辨力。如果在海面相同方位上有两艘相邻而且逐渐驶近的船舶,当接近到某一距离时,其雷达(在最佳工作状态)回波刚好合二为一。那么在此之前,在雷达屏幕显上刚刚能够分辨出来为两个孤立的目标船时,这两艘船在海上的实际距离,就是当时雷达使用量程和脉冲宽度下的距离分辨力。图 7-3 为一条扫描线上的两个相邻目标 A 和 B 距离分辨力示意图。可以看出,雷达距离分辨力与发射脉冲宽度、屏幕像素尺寸和接收通道信号处理失真等设备因素有关。此外,回波闪烁以及雷达操作技术等因素也影响了目标的距离分辨力。

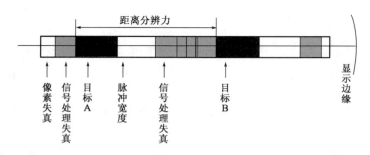

图 7-3　距离分辨力

(1)设备因素。
影响雷达距离分辨力的设备因素有以下几项:
①脉冲宽度。发射脉冲宽度是影响雷达距离分辨力的主要因素。宽度为 $1\mu s$ 的脉冲使目

标在径向上拖尾150m。在近量程,即使采用0.05μs的脉冲宽度,回波也会有7.5m的拖尾。

②屏幕像素。屏幕像素直径是影响雷达距离分辨力的另一个主要因素。以有效显示直径340mm雷达屏幕为例,如果像素直径为0.5mm,那么在一条扫描线上则有340个像素,在15n mile量程上,每个像素代表的海上实际距离则为8.17m,而且量程越大,像素对距离分辨力的影响就越大。

③信息处理。接收通道信息处理失真包括接收系统通频带失真、信道非线性失真和量化失真等,这些因素使回波的前后沿位置模糊,对距离分辨力有一定的影响。

（2）回波闪烁。

由于目标与本船之间的相对运动、涌浪颠簸和雷达波束扫描到目标不同部位而引起回波强度变化,使得回波在屏幕上显示的位置和回波强度不稳定的现象称为回波闪烁。回波闪烁引起目标前后沿位置模糊。事实上,前面提到的信息处理,也是造成回波闪烁的原因。不同反射强度的目标,回波闪烁程度不同。回波较弱的目标以及水面低矮目标,闪烁程度较为严重。不同型号的雷达,回波闪烁程度也不同。通常光栅扫描雷达的回波闪烁较为严重,在10n mile左右的中等距离上,目标前后沿回波闪烁误差通常在1~3个像素之内,严重时可以使距离分辨力降低100m以上。

（3）操作技术。

为了提高所使用雷达的距离分辨力,应注意尽量使用小量程,使用窄脉冲发射,将雷达调整在最佳工作状态,并适当减小增益和屏幕亮度,不使用回波扩展。适当使用FTC,可以显著提高距离分辨力。

2. 雷达方位分辨力

雷达分辨相同距离相邻两个点目标的能力称为方位分辨力。方位分辨力以能够分辨出两个点目标的最小方位夹角来表示。图7-4为同距离上的两个目标A和B方位分辨力示意图。可以看出,雷达方位分辨力与水平波束宽度、屏幕像素尺寸和雷达使用量程等设备因素有关。此外,回波闪烁以及雷达操作技术等因素也影响了雷达的方位分辨力。

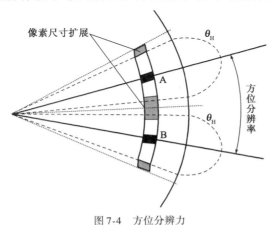

图7-4 方位分辨力

（1）设备因素。

影响雷达方位分辨力的设备因素有以下几项:

①水平波束宽度。水平波束宽度是影响雷达方位分辨力的主要因素之一。当雷达天线掠过目标时,水平波束的右边缘首先触及目标。在雷达波束扫掠过目标的过程中,回波持续显示。同样,在雷达波束左侧扫描离开目标的方位上,也会使回波向右扩展。值得注意的是,目标的距离及其回波强度对雷达的方位分辨力的影响不容忽视。对于远距离的弱小目标,方位分辨力一般会高于1°;而对于近距离的强目标,由于水平波束宽度定义之外的雷达辐射也能够探测到回波,因而方位分辨力会明显下降。当目标距离小于1n mile且反射能力较强时,甚至旁瓣影响会使雷达在相当广阔的扇区内完全丧失方位分辨能力。

②屏幕像素。与讨论距离分辨力情况相同,屏幕像素尺寸的影响又使回波各向左右再扩展至一个像素尺寸,使得屏幕的方位分辨力进一步降低,这是影响方位分辨力的另一个重要因素,屏幕像素的影响还与雷达使用的量程有关。

③使用量程。在不同量程雷达观测时,上面两个因素对方位分辨力的影响不同。从水平波瓣角度看雷达近量程的方位分辨力较差,通常认为,在1.5n mile及以下量程,雷达水平波瓣探测范围超过了水平波束宽度的定义角度,此时雷达的方位分辨力主要是由水平波探测范围来决定。

从像素尺寸角度看,考虑到雷达探测和显示目标的特点,相同尺寸的像素在屏幕上不同位置时,对方位分辨力的影响不同。通常认为,3n mile以外的目标,在量程的1/3之内,像素尺寸对方位分辨力的影响大于波束宽度的影响;在量程的2/3之外,波束宽度的影响大于像素尺寸的影响;而在量程的1/2附近,波束宽度的影响与像素尺寸影响相当。

(2)回波闪烁。

在恶劣天气中。天线摇摆以及水平波束宽度边缘探测能力下降引起的回波闪烁,造成目标左右边缘回波模糊。从面影响了目标的方位分辨力。这种情况对光栅扫描雷达尤其严重横向回波闪烁误差通常在1~5个像素之内,严重时可以使方位分辨力降低1°以上。

应该注意的是,恶劣天气对方位分辨力的影响比距离分辨力要大。

(3)操作技术。

为了提高所使用面的方位分辨力,应包含目标的最小的量程。将雷达调整在最佳工作状态,并适当减小增益和屏幕亮度、不要使用回波扩展功能。使用近量程时。尤应当注意分辨力下降对雷达观测带来的不利影响。

3. 雷达分辨目标综合能力

在雷达观测时,相邻的两个目标常常既不在相同的方位又不在相同的距离上出现。一般说来,雷达的距离分辨力好于方位分辨力。观测者应综合运用操作技术,视船舶航行和观测环境变化仔细调整雷达,注意发挥雷达发射窄脉冲距离分辨力的优势,做到既不漏失弱小目标,又能够清晰地分辨邻近目标。

五、雷达盲区与雷达阴影扇形的测定方法

1. 雷达盲区

指位于雷达天线辐射角下缘而雷达发射的电磁波辐射不到的区域,如图7-5所示。

理论计算方法为:

$$R = H \cdot \cot\frac{\theta}{2} \quad (7-1)$$

式中:R——雷达盲区半径(m);
　　H——雷达天线在水面上的高度(m);
　　θ——雷达天线的垂直波束宽度(即电磁波束在垂直面内的夹角)。

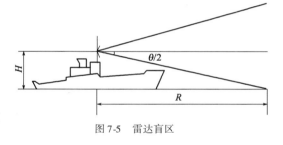

图 7-5　雷达盲区

2. 实际测试盲区的方法

当本船锚泊时,选择雷达近距离量程档,开启雷达。用小艇缓慢地沿本船船首方向向外驶离本船,这时,测试人员应密切注意观察雷达屏幕,当荧光屏上第一次出现小艇回波影像时,测出小艇至本船的距离,这就是盲区半径;或者用小艇从远方向本船船首方向驶来,测试人员以同样的方法观察雷达荧光屏上小艇的回波影像,当小艇回波第一次在雷达荧光屏上消矢时测出这一距离,同样也是盲区半径。为了测试准确,可反复测定几次。

实用中,雷达的盲区半径与船舶吃水有关,因为不同的吃水,天线高度就不一样,雷达的盲区半径也不同。应按空载、半载、满载分别测试。当测定与计算不一致时,应以实测为准。

3. 雷达扇形阴影区

雷达电磁波束在传播路途中被本船上的(如桅杆、烟囱等)高大建筑物(障碍物)阻挡或吸收,使雷达无法探测到这些遮蔽物体后面的其他物标,因而,在雷达荧光屏上对应的区域形成了探测不到物标的扇形暗区,这种扇形暗区称为雷达扇形阴影区。

4. 测定扇形阴影区的方法

(1)在本船平面图上,过雷达天线一点作各妨碍雷达电磁波直线传播的建筑物的切线,其两条切线之间的区域即为阴影扇形。实际中,由于电磁波传播时存在一定程度的绕射现象,使得实际的阴影扇形比图示的要小一些。

(2)用小艇驶出本船盲区之外,缓慢地绕本船航行一圈,这时测试人员应密切注意观察雷达屏幕。小艇的回波在障碍物遮挡的方位上会突然消失;而在其他方位上小艇的回波将会显示在雷达荧光屏上。测出小艇回波消失的方位范围即为该障碍物的阴影扇形。

(3)在风浪中航行时,荧光屏中心附近会出现一定范围的波浪回波影像(光点)。由于在近距离时波浪干扰会更显著,测试人员可在近距离量程档测出在波浪干扰中的黑暗扇形方位范围即为阴影扇形。

六、雷达假回波的概念及产生假回波的原因

在雷达观测中经常会出现一个目标在显示器上多处显示回波,或者显示的回波位置不是目标的真实位置,即目标回波的距离和方位两者之一不正确或两者均不正确,称该回波为目标的假回波。假回波通常分为间接反射假回波、多次反射假回波、旁瓣假回波和二次扫描假回波等四种。从引起假回波的目标所处的位置上看,近距离目标可引起间接反射假回波、多次发射

假回波和旁瓣假回波,而二次扫描假回波通常由远距离目标引发。从产生假回波的雷达辐射特性看,还可以将假回波分类为一次辐射假回波和二次辐射假回波。假回波和二次扫描假回波属于一次辐射假回波,间接反射假回波和多次反射假回波属于二次辐射假回波。此外,旁瓣辐射还可以引起二次辐射假回波,即旁瓣间接反射假回波和多次反射假回波。

假回波的存在使得屏幕影像混乱,干扰正常雷达观测,可能导致驾驶员判断错误,带来航行危险。

1. 间接反射假回波

船上的大桅、烟囱、吊杆柱、甲板货箱等高大物件及附近的大船、陆上的高大建筑物等阻挡雷达波的障碍物,不但在其后产生阴影扇形区域,而且它们又能像镜面一样反射雷达波。于是同一个目标存在两条雷达波往返传播路径,其一是直接从雷达天线到目标的路径,其二是从雷达天线到障碍物再到目标的路径。结果一个目标在雷达显示器上有两个回波,一个是真实目标,另一个显示在方位与障碍物相同、距离比真实目标距离远的位置上,这个回波就是间接反射假回波。如图 7-6 所示,A、B 为目标真实回波,A′、B′均为目标的假回波。

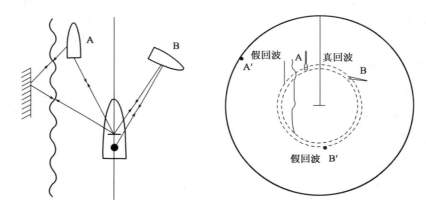

图 7-6　间接反射假回波

在狭水道航行或在锚区,本船附近的其他大船、桥梁以及岸上反射性能好的大型建筑物都有可能产生这种间接反射假回波。

目标间接反射假回波的特点:

(1)目标间接反射假回波出现在阴影扇形区方位。

(2)目标间接反射假回波的距离、方位与目标真回波不同,其方位为障碍物方位,距离障碍物到目标的距离与障碍物到雷达天线的距离之和。

(3)目标间接反射假回波与其真回波比较,回波的强度弱,显示的形状常常有明显的畸变。

(4)对应本船的运动和真回波的移动,假回波在显示器上的移动不合理。例如,当本船改向时,显示器上目标真回波方位发生变化,而目标的间接反射假回波仍在阴影扇形区域内或者突然的消失。

临时改变本船航向可以识别判定由于本船建筑引起的间接反射假回波。但要注意狭水道航行时受环境限制,可能难以实现。在现代雷达屏幕上,大型船的间接假回波还可以借助船舶目标回波缺失 AIS 标识辅助判断,这个方法也适用于下列其他假回波的识别。

暂时降低增益,使用 FTC 可以抑制间接反射假回波。对于离雷达天线较近的反射体产生的假回波还可以使用 STC 加以抑制。但是抑制假回波时需要特别注意不要丢失弱小目标。

2. 多次反射假回波

目标多次反射假回波是由于雷达波在本船船体与目标之间多次往返反射均被雷达天线接收而产生的。如图 7-7 所示,当两船在狭水道或锚地等狭窄水域近距离(约 1n mile 以内)平行驶过时,这种现象经常发生。

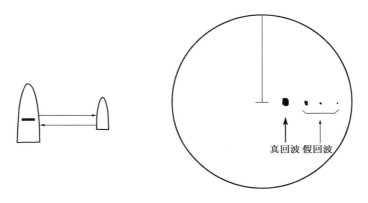

图 7-7　多次反射假回波

目标多次反射假回波的特点:

(1)多次反射假回波是在真回波方位上连续出现的比真回波远的等距离间隔的几个回波,假回波间的距离间隔大小均等于真回波的距离。

(2)离本船越远的假回波强度越弱。

(3)在屏幕上假回波与真回波的移动协调一致。

当船舶接近陆地时,近岸的目标也会引起多次反射假回波,被淹没在陆地的回波之中,通常对雷达观测影响不大。驾驶员根据上述特点能够很容易地识别出目标多次反射假回波,可以通过降低增益或者适当使用雨雪干扰抑制(FTC)来减弱或消除之。

3. 旁瓣假回波

雷达的旁瓣辐射比较弱,一般不会影响远距离目标的观测,但对于近距离强回波,旁瓣辐射则不能忽视。雷达旁瓣假回波主要是指旁瓣一次辐射带来的假回波。近些年来,雷达接收机主波束检测弱小目标的能力有了较大提高,而天线的旁瓣抑制能力却未有明显改善,因此旁瓣接收的能力有所增强,于是现代雷达设备又出现了旁瓣二次辐射带来的假回波,即旁瓣间接反射假回波和旁瓣多次反射假回波。

距离本船较近的强反射目标被雷达天线旁瓣辐射探测到所显示的回波称为旁瓣假回波,如图 7-8 所示。在真回波周围两侧的圆上杂散分布着的回波是旁瓣假回波。如果天线尺寸较小,辐射窗口损伤或表面不清洁,旁瓣回波会比较频繁发生。

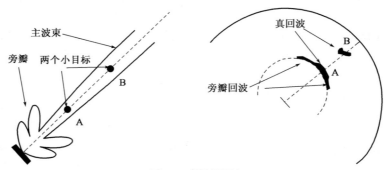

图 7-8　旁瓣假回波

目标旁瓣假回波的特点：

(1)由于雷达天线旁瓣辐射基本对称分布于波束主瓣的两侧，但辐射不够稳定，因此目标旁瓣假回波杂散对称地分布在目标真回波两侧的圆弧上，甚至出现在天线的背面，形成环本船的干扰。

(2)目标旁瓣假回波的距离与其真回波距离相等，方位相邻。

(3)目标旁瓣假回波的强度比目标真回波的强度弱很多，且闪烁不定，真回波与假回波边缘界限不清晰，给正常雷达观测带来干扰。

(4)在海浪较强的海域，旁瓣辐射会加重海浪杂波效果，严重影响雷达近距离观测效果。

驾驶员根据上述特点很容易识别出目标假回波，可以通过适当使用海浪抑制(STC)或适当使用雨雪抑制(FTC)来减弱或消除。

4.二次扫描假回波

在某种特殊环境下，如发生超折射时，雷达发射脉冲探测到了非常远的强反射回波，其距离远超过了雷达设计的脉冲重复周期，回波被显示在了下一个扫描周期上，如图7-9所示，回波的显示距离丢失了一个雷达脉冲重复周期所对应的探测距离，该回波称之为二次扫描假回波。

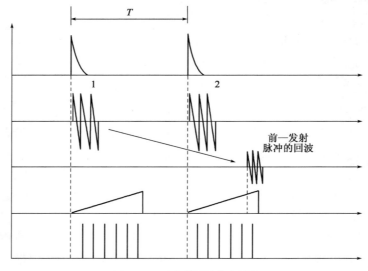

图 7-9　二次扫描回波产生原理

目标二次扫描假回波的特点：

(1) 目标二次扫描假回波的方位与目标的真实方位相同，但显示的距离比目标真实距离少了 CT/2。

(2) 目标二次扫描假回波的图形与实际目标形状不符，发生了变形。如远处直岸线的二次扫描假回波在雷达显示器上显示时变成了"V"字形图像，如图 7-10 所示。

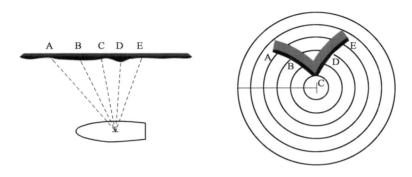

图 7-10　二次扫描回波图像

(3) 当改变量程段即改变脉冲重复频率时，目标二次扫描假回波的距离会改变、变形或消失。

(4) 目标二次扫描假回波在雷达显示器上的移动不合理。

二次扫描假回波比较多地出现在超折射发生时。驾驶员可以通过改变量程段，观察目标回波在雷达显示器上移动是否正常加以判断。

七、物标的回波特征与雷达图像的关系

一般情况下，竖立的、光滑的、良导体的物标，是对雷达电磁波的反射能力较强的物标，雷达能较好地接收物标的回波，并能反映物标的回波图像；反之，物标反射电波的能力就弱。如平缓的沙滩，其表面粗，会对雷达电磁波产生散射现象，雷达天线只能获得很少的物标回波能量，其回波图像也难以在荧光屏上显示出来，即使加大增益也只能显示出微弱的图像，并且比实际物标要小很多。

物标表面形状对雷达电磁波反射性能也有很大的影响，由三个相互垂直的平板构成的角反射体其反射性能较好；球形物体（如球形浮标、球形油罐等）其反射性能差；圆柱形物体（如烟囱、系船浮筒等），水平方向的反射与球形物体相似，而垂直方向的反射与平板物体相似；锥形物体（如灯塔、锥形浮标等）其反射性能很差。

八、物标图像识别方法

在雷达荧光屏上，除了能够显示各种真实的物标回波外，还可能显示各种由物标产生但不代表物标正确位置的假回波（前面已讨论），以及出现一些干扰杂波，从而妨碍雷达的正常观测。因此，分析、掌握各种物标回波、干扰杂波的形成原因、图像特征及其抑制方法对观测者来说是十分重要的。

1. 波浪干扰的图像特征及抑制方法

由波浪反射雷达电磁波,而在雷达荧光屏上产生了波浪干扰杂波,形成荧光屏上本船周围内的鱼状闪亮斑点,如图 7-11 所示。其图像特征:

(1) 图像显示不稳定。
(2) 回波光点以本船为中心分布,随距离的增加而减弱。
(3) 船舶受风一侧干扰较重。

 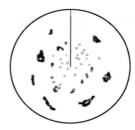

图 7-11　海浪杂波及其抑制

抑制方法:出现波浪干扰时,可调节"波浪抑制 STC"旋钮,或适当降低增益可减少波浪干扰的影响,但波浪干扰严重时,近距离的弱小目标难以分辨。

2. 雨雪干扰的图像特征及抑制方法

由雨、雪反射雷达电磁波,而产生宽干扰脉冲,在雷达荧光屏上形成无明显边缘的疏松的棉絮状连续亮斑区(有时含水量较高的云层,若高度较低被雷达波束扫到,也会在屏上产生类似于雨雪干扰那样的连续亮斑区),见图 7-12。其图像特征:

(1) 中、小雨的图像是在整个雷达屏幕上出现微弱而密集的麻点。
(2) 大雨的图像为大块片状,不很明亮,边缘模糊。
(3) 暴雨及雨团,图像亮度大,有明显的界线,形状不断变化且不断的移动。

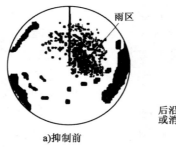 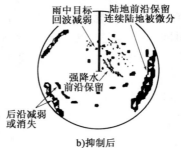

a) 抑制前　　　　　　b) 抑制后

图 7-12　雨雪杂波及抑制

抑制方法:出现雨雪干扰时,可调节"雨雪抑制 FTC"旋钮,并结合使用"增益"旋钮和"波浪抑制 STC"旋钮来减轻其影响。还可动"调谐"旋钮提高效果。暴雨及雨团的干扰最为严重,当发现大块雨团回波朝船首方向移动时,可抓紧雨团回波未遮盖前方航道前,观察航路和周围船舶动态,必要时可慢车、停车,待雨团过后再继续前进。

3. 雷达同频干扰

由邻近船舶或港口同波段雷达发射的电磁波进入本船雷达天线而产生的干扰,称为雷达

同频干扰,其图像特征:
(1)当用远量程档观测时,同频干扰在雷达荧光屏上显示由小光点连成的螺旋形曲线。
(2)当用近量程档观测时,同频干扰在雷达荧光屏上显示由小光点连成的辐射状径向射线。
抑制方法:当出现雷达同频干扰时,可用近量程观测,可减小其影响(有些型号的雷达装有同频雷达干扰抑制器,可打开面板上的控制开关,即可消除)。

4. 对运动物标的识别方法
(1)在雷达屏幕上观察到航道中有一块状且有运动速度的图像,则可能是顶推船队。
(2)在雷达屏幕上观察到航道中有一椭圆形且运动速度较快的图像,则可能是大型单船。

九、雷达的日常维护保养

1. 雷达的使用须知
(1)严格遵守开、关机程序。根据雷达的型号不同,在通电 2～5min 后,倒计时完毕或发射指示灯亮后,才能将雷达开关从"等待"转到"发射"位置。
(2)当湿度超过 80%,或温度低于 -20℃时,在开机之前应先开"加热"开关,待升温干燥后再开机。
(3)保持收发机和显示器的清洁。高压导线和低压导线不应太近,以防发生打火和电晕。
(4)荧光屏要避免受阳光或灯光直接照射,平时不用时,应用罩子罩好。
(5)雷达的开机间隔时间不应超过一周。

2. 雷达的定期维护、保养
在对雷达进行定期维护、保养工作时,应切断雷达的总电源,并且在雷达电源总开关处显示器上挂警告牌禁止开机。在维护收发机和显示器时,应先将高压储能器件对地放电,防止高压触电。

(1)雷达天线的维护、保养工作。
每月应用干净软布清洁,并不得在天线辐射窗上涂油漆。检查天线及波导系统特别是波导管接头处是否水密,并用厚白漆封固。天线、电动机应保证水密并经常清洁,直流电动机应定期更换炭刷。波导管、天线外罩、机座等要定期涂漆。

(2)收发机的维护、保养工作。
每三个月检查一次各种电缆接头和连接器是否牢固可靠。至少每三个月检查一次雷达工作情况,每次测试应在雷达工作 30min 后进行。让雷达各项指标在正常范围内。每半年用软毛刷清除一次收发机的灰尘。当更换磁控管后,应"预热"30min 以上再加高压,或按磁控管的技术要求进行"老练"。

(3)显示器的维护、保养工作。
每半年用软毛刷清除一次显示器内的灰尘。用干的软布轻轻抹去荧光屏表面的灰尘。检查各连接电缆和插头是否牢固可靠和接触良好。当发现显像管高压帽的周围打火时,应在对地充分放电后,再用蘸有无水酒精的软布清除高压帽周围的尘污。

(4)雷达电源(中频逆变器)的维护、保养工作。

每三个月应检查一次各种电缆接头是否牢固可靠。定期用软毛刷去除逆变器内的灰尘。

第二节 内河船舶导航雷达配备要求

一、导航雷达配备

导航雷达配备情况见表7-1。

表7-1

序号	航行设备名称	航区	最低配备定额(台或套)							
			客船(类别)			货船(GT)			推(拖)船(kW)		
			第1、2类	第3、4类	第5类	≥1000	300≤<1000	<300	≥883	368≤<883	<368
1	雷达	A	1	1	1	1				1	
		B	1	1	1	1				1	

三峡库区航行船舶对雷达配备的要求

(1) 自2004年1月1日起,所有在三峡库区长江干线航行的四类及以上现有客船,必须配备一台雷达。

(2) 对在三峡库区长江干线航行的四类及以上现有客船,如装配雷达有困难者,经省级船舶检验机构批准,可免配雷达,但其载客人数应控制在30人以内,并应在其船检验书上注明限乘人数及该船不准夜航的规定。

(3) 对在三峡库区长江干线航行的五类现有客船,在不夜航、不雾航的限定条件下可不要配备雷达,但在其船舶检验证书上应注明限乘人数及该船不准夜航的规定。

(4) 自2004年1月1日起,所有在三峡库区长江干线航行的新建客船,必须配备一台雷达。

(5) 在三峡库区长江干线航行的500总吨及以上的自航货船、推进装置总功率为368kW及以上的推(拖)船应配备一台雷达。

二、雷达的技术和安装要求

导航雷达应满足:

(1) 在船舶正常航行条件下,雷达应能显示出本船周围一定范围内其他水面船只、碍航物、浮标及航道的岸壁等物标和方位的图像,借以助航和避碰。

(2) 雷达显示器上应具有下列之一组的距离量程:

0.75、1.5、3、6、12、24(km)

0.5、2、3、4、8、16、32(km)

(3) 雷达显示器的有效直径应不小于180mm(除规定了第1、2类客船,不小于1000总吨的货船,推进装置总功率为883kW及以上的拖轮所配备雷达显示器的直径不得小于180mm,对其他船舶雷达显示器的直径未做要求)。

(4)应具有防止过电流、过电压和偶然的极性接反的保护装置。

(5)固定距标与活动距标亮度应可调,并能使它们从显示器完全消失。

(6)雷达如使用几个电源,则应设有从一个电源转接到另一个电源的转换装置,且当转换为另一个电源供电时,雷达即刻应能正常工作。

(7)雷达天线的安装应使显示器的效果不被天线附近的其他物体所影响,应保持船舶首向有最好的视野。

(8)当雷达天线的波导管穿过驾驶甲板时,应保证水密。

(9)天线应装在船桅或专用的支架上,以便对天线的部件进行维修。

(10)如船舶装有 S 波段(10cm)和 X 波段(3cm)工作的双雷达时,S 波段雷达的天线应高于 X 波段的雷达。

(11)在装设双雷达的地方,应尽可能设有互换装置,以提高整个雷达装置的机动性和利用率。应使任一台雷达的故障不会中断另一台雷达的供电和产生有害的影响。

三、雷达的操作要求

(1)雷达应能在显示器位置启动和操作。

(2)操作控制器应易于接近,雷达控制器符号应容易识别和使用。

(3)雷达从冷态启动后,应在 4min 内进入正常工作状态。雷达应能在 15s 内由准备状态转入工作状态。

第三节　船用雷达的操作

内河船用雷达主要用于确定船位和发现江、河水面上的物标,并测定物标的方位和距离,是保障船舶安全的重要助航仪器。

一、船用雷达作用

内河船用雷达可用于瞭望,防止船舶发生碰撞;可根据测定物标的方位和距离来确定船舶的位置;可通过对物标类型的识别和运动参数的分析、测定,引导船舶安全航行。

二、船用雷达主要操作

1. 雷达按钮功能

内河船舶上所配备的雷达型号众多,这里以"古野"1973 为例进行操作说明:

(1)菜单:进行雷达的设置功能包括:亮度/颜色、显示、回波、自定义 123、警报、目标轨迹、调谐、其他、目标等选项。

(2)取消/船首线关闭:对话框设置的取消和船首线的关闭。

(3)方向按钮:调整光标和选项的位置。

(4)输入:确定按键。

(5)方位线:包括 EBL1 和 EBL2,进行方位的估测功能。
(6)可变距标:包括 VRM1 和 VRM2,进行距离的估测功能。
(7)偏移:船舶中心的偏心设置。
(8)目标警报:目标警报的开关。
(9)目标位置:目标位置的显示开关。
(10)量程 + -:量程的大小选择。
(11)增益旋钮(按钮):雷达增益的调节,按钮可在菜单自定义设置功能。
(12)抗海浪干扰旋钮(按钮):雷达抗海浪干扰调节,按钮可在菜单自定义设置功能。
(13)抗雨雪干扰旋钮(按钮):雷达抗雨雪干扰调节,按钮可在菜单自定义设置功能。
(14)自定义:切换至自定义的设置1。
(15)目标轨迹:目标轨迹的显示开关。
(16)待机发射:控制雷达天线的发射与待机开关。
(17)亮度:雷达的开关和亮度的调节按钮。

2. 开机/关机操作

(1)开机操作步骤。
①接通船电,按下雷达面板上的【电源】键,开机;
②计时器倒计时结束,屏幕显示"等待"字样,表明雷达可以进行发射操作;
③按【发射/等待】键进入发射状态,屏幕出现雷达图像即完成开机操作。
(2)关机操作步骤。
①先按【发射/等待】键关闭高压发射,天线停止转动,屏幕中心显示"等待"字样;
②按住【电源】键,屏幕中心"等待"字样消失,雷达关机;
③切断船电,关机操作结束。

3. 量程选择操作

量程选择操作是为了转换雷达观测的距离范围。
(1)可用量程有:0.125、0.25、0.5、0.75、1、1.5、2、3、4、6、8、12 等,量程单位有海里(n mile)和千米(km)两种。按量程按钮【+】增加量程,按量程按钮【-】减小量程。
(2)大量程使用范围:开阔水域、观测远距离物标等。
(3)小量程使用范围:狭窄水域、进出港、进出锚地、观测近距离物标、船舶追越等。

4. 增益操作

增益旋钮【GAIN】:用于调整物标回波的强度,使物标回波在雷达屏幕上清晰可见。顺时针旋转增益旋钮,增加物标回波强度,同时也会增加杂波强度。增益旋钮调节过大,容易混淆物标回波,一般以杂波刚好在屏幕上可见为最佳,如图7-13所示。

5. 海浪抑制操作

海浪抑制操作是为了减少水面波浪干扰回波的影响,分为手动调节和自动调节。
(1)手动调节操作。

第七章　船用雷达

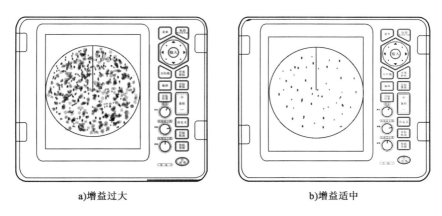

a)增益过大　　　　　　　　　　　　　　b)增益适中

图 7-13　增益调节效果

顺时针旋转海浪抑制旋钮,会减少波浪的干扰,但旋转过多,物标回波逐渐减弱,甚至消失。为了使物标回波清晰,在调节海浪抑制的同时,应适当增大增益。一般以杂波刚好在屏幕上可见为最佳,如图 7-14 所示。

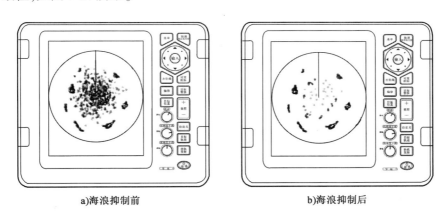

a)海浪抑制前　　　　　　　　　　　　　　b)海浪抑制后

图 7-14　海浪干扰杂波抑制效果

（2）自动调节操作。

按下【A/C SEA】旋钮,可以开启或关闭自动海浪抑制功能;当开启自动海抑制功能时,"自动海浪抑制"提示信息显示在屏幕左下角。使用自动海浪抑制功能会抹去弱回波,请仔细观察屏幕上的回波显示并小心地调整。

6.雨雪抑制操作

雨雪抑制操作是为了减少暴雨雪干扰回波的影响,分为手动调节和自动调节。一般以杂波刚好在屏幕上可见为最佳,如图 7-15 所示。

（1）手动调节操作。

顺时针旋转雨雪抑制旋钮,会减少雨雪的干扰,但旋转过多,物标回波逐渐减弱,甚至消失。为了使物标回波清晰,在调节雨雪抑制的同时,应适当增大增益。

（2）自动调节操作。

73

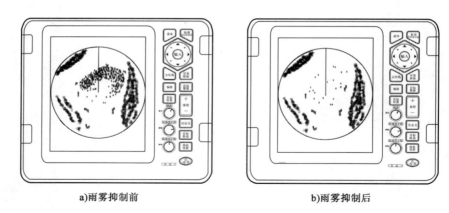

a)雨雾抑制前　　　　　　　　b)雨雾抑制后

图 7-15　雨雪杂波抑制效果

顺时针旋转【A/C RAIN】旋钮,抑制作用加强;反之则减弱,相应的抑制强度在屏幕右上角雨雪抑制指示框中显示。

7. 偏心操作

偏心操作是为了在不改变量程情况下,通过偏移扫描圆心来扩大视野,以便在某个方向上看得更远。其操作方法如图 7-16 所示,将光标置于船尾某一点,按下【偏移】键,扫描中心偏移到光标位置,即可在船首方向上看得更远。

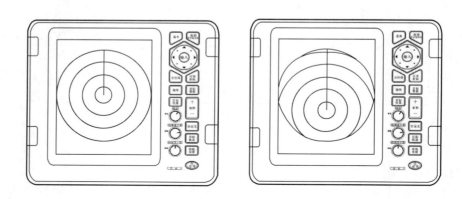

图 7-16　雷达偏心操作

再按【偏移】键则取消偏心功能,扫描中心回到屏幕中心。

8. 物标距离测量

(1)固定距标圈估测距离。

用固定距标圈可估测物标到本船的距离,见图 7-17。

其操作方法:按下固定距标圈,雷达屏幕上显示以扫描中心为圆心的多个实线同心圆,同心圆的间距等于雷达所显示的量程除以同心圆的个数,量程为 2n mile,4 个同心圆,则每圈之间的距离为 0.5n mile,图中 A 点距本船约为 1.25n mile,B 点距本船约为 1n mile。

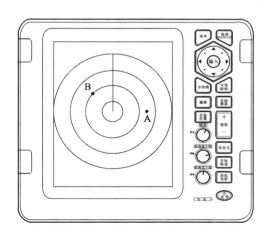

图 7-17 固定距标圈估测物标到本船距离

(2) 活动距标圈测量距离。

用活动距标圈(VRM)可更精确地测量物标到本船的距离。雷达一般提供两个活动距标圈,分别为 VRM1、VRM2,以两种不同的虚线形式显示,如图 7-18 所示。

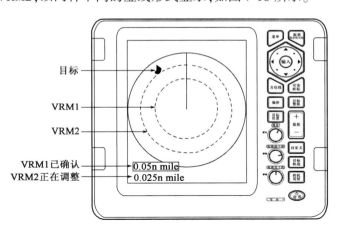

图 7-18 活动距标圈和固定距标圈

其操作方法:按下【可变距标】键,雷达屏幕上显示一个虚线圆圈,操作方向键调整虚线圆圈的大小,调整到物标的内边缘,此时,在屏幕下方显示的数据即为物标至本船的距离。如需同时测量两个物标与本船的距离,可按下【可变距标】键进行测量。

(3) 光标测量距离。

用光标可很方便地测量物标到本船的距离,也是内河船员最常用的测距方法。

其操作方法:将光标移动至物标内边缘处,在屏幕下方显示的数据即为物标至本船的距离。

9. 物标方位测量

(1) 目测方位。

根据物标与船首线的夹角粗略判断其方位。

(2)电子方位线测量物标的方位。

使用电子方位线(EBL)可以测量物标的方位。雷达提供两条电子方位线,分别为 EBL1 和 EBL2,以两种不同的虚线形式区分显示。

其操作方法:按下【方位线】键,操作方向键调整电子方位线的方位,调整到物标平分的位置,在屏幕下方显示的数据即为物标相对于本船的方位。如需同时测量两个物标相对于本船的方位,可再次按下【方位线】键进行测量。

习 题

第一章 船用磁罗经

1. 磁铁的磁矩是_____间距离之乘积。
   A. 同名磁量与两端   B. 同名磁量与两磁极
   C. 磁场强度与两端   D. 磁场强度与两磁极
2. 硬铁磁化较软铁磁化来得_____,且剩磁_____。
   A. 容易;大   B. 容易;小
   C. 不易;大   D. 不易;小
3. 地磁南极具有_____磁量;地磁北极具有_____磁量。
   A. 负,正   B. 正,负
   C. 负,负   D. 正,正
4. 围绕地球空间的地磁磁力线是从_____。
   A. 北半球走向南半球的   B. 南半球走向北半球的
   C. 两地磁极走向磁赤道的   D. 磁赤道走向两地磁极的
5. 磁赤道是指下列_____的位置。
   A. 磁差为零   B. 磁倾角为零
   C. 地磁水平分力为零   D. 与地理赤道相重合
6. 地磁南北极的位置每年均_____。
   A. 缓慢地变化   B. 迅速地变化
   C. 固定不动   D. 无规律地波动
7. 磁倾角是指地磁磁力线与当地的_____的夹角。
   A. 罗经子午线   B. 地理子午线
   C. 水平面   D. 垂直面
8. 船用磁罗经的指北力是_____。
   A. 地磁水平分力   B. 地磁垂直分力
   C. 地磁力和校正磁力   D. A + B
9. 磁罗经在磁极附近不能指北,是因为此时_____。
   A. 垂直分力较强   B. 垂直分力等于零
   C. 水平分力较强   D. 水平分力约为零

10. 地磁力的水平分力在_____为零,垂直分力在_____为零。
    A. 地磁极,地磁极   B. 磁赤道,磁赤道
    C. 地磁极,磁赤道   D. 磁赤道,地磁极
11. 磁罗经中罗盘的作用是_____。
    A. 贮存液体   B. 存放校正器
    C. 指示方向   D. 测方位
12. 磁罗经能够指示方向的部件是_____。
    A. 罗经柜   B. 罗盘
    C. 罗盆   D. 浮室
13. 磁罗经罗盘条形磁针的排列应与罗盘刻度 NS 轴_____。
    A. 平行   B. 垂直
    C. 对称平行   D. 对称垂直
14. 磁罗经罗盆中的液体在罗经中起_____作用。
    A. 可减少罗盘轴帽与轴针间的摩擦力   B. 因阻尼作用使罗盘指向稳定性好
    C. 起减振作用   D. A、B 和 C
15. 磁罗经罗盆内混合液体中放入酒精其作用是_____。
    A. 稀释   B. 降低比重
    C. 降低结冰点   D. 消毒
16. 磁罗经的罗经柜是由_____材料制成的。
    A. 铁和铜   B. 铜或铝
    C. 钢和铁   D. 铁镍合金
17. 磁罗经的罗经首尾基线应与船的首尾面相_____,否则罗经剩余自差增大。
    A. 平行   B. 重合
    C. 交叉   D. 垂直
18. 磁罗经柜不能用_____材料制成。
    A. 铜   B. 铝
    C. 铁   D. 木
19. 标准罗经应安装在_____。
    A. 任意位置   B. 船的首尾面上
    C. 平行于船的首尾面上   D. 驾驶台内
20. 国家海事局规定,磁罗经自差每_____年需校正一次。
    A. 一   B. 二
    C. 三   D. 四
21. 通常在下列何种情况下,船上磁罗经需要校正自差_____。①经过修船,船舶上层建筑有较大的改变;②船舶遭遇了剧烈的碰撞;③罗盆内有气泡;④修船时,磁罗经位置向后移动了1米;⑤装载了磁性货物后或由电磁吊装卸货物后;⑥使用了备用的罗盆。
    A. ①②④⑤   B. ①②③④⑤
    C. ①②④⑤⑥   D. ③④⑤⑥

22. 在不计恒定(固定)自差外,一般标准罗经自差大于_____,操舵罗经自差大于_____,需要进行自差校正。
    A. ±1°;±3°   B. ±3°;±5°
    C. ±5°;±3°   D. ±5°;±1°

23. 地磁北极与罗经北极之间的夹角为_____。
    A. 自差   B. 罗经差   C. 磁差   D. 罗航向

24. 钢铁船舶上的磁罗经,其罗经刻度盘"0°"的指向为_____。
    A. 船首   B. 真北   C. 磁北   D. 罗北

25. 磁罗经罗盆内出现气泡时_____。
    A. 应及时注液,因气泡会影响罗经使用   B. 应等气泡多时,才进行注液
    C. 无须消除气泡   D. A + B

26. 磁罗经的罗经首尾基线应与船的首尾面相_____,否则罗经剩余自差增大。
    A. 平行   B. 重合   C. 交叉   D. 垂直

27. 磁罗经罗盆内混合液体中放入酒精其作用是_____。
    A. 稀释   B. 降低比重   C. 降低结冰点   D. 消毒

28. 罗盆浮室的作用主要是_____。
    A. 增大罗盘的磁性   B. 增大罗盘转动惯量
    C. 增大罗盘的浮力   D. 以上均不对

29. 硬铁磁化较软铁磁化来得_____,且剩磁_____。
    A. 容易;大   B. 容易;小
    C. 不易;大   D. 不易;小

30. 地磁南北极的位置每年均_____。
    A. 缓慢地变化   B. 迅速地变化
    C. 固定不动   D. 无规律地波动

31. 磁罗经罗盆中的液体在罗经中起_____的作用。
    A. 可减少罗盘轴帽与轴针间的摩擦力
    B. 因阻尼作用使罗盘指向稳定性好
    C. 起减振作用
    D. A + B + C

32. 磁罗经的000°刻度所指的方向是_____。(不考虑自差因素)
    A. 地理北极   B. 地磁南极
    C. 地磁北极   D. 地理南极

33. 当磁罗经位于_____时,其指向力最大。
    A. 北半球   B. 南半球
    C. 磁赤道附近   D. 两磁极附近

34. 围绕地球空间的地磁磁力是从_____。
    A. 北半球走向南半球的   B. 南半球走向北半球的
    C. 两地磁极走向磁赤道的   D. 磁赤道走向两地磁极的

35. 船用磁罗经的指北力是_____。
   A. 地磁水平分力   B. 地磁垂直分力
   C. 地磁力和校正磁力   D. A + B

第二章　全球卫星导航系统

1. GPS 卫星导航系统分为距离型、多普勒型和距离多普勒混合型系指按_____分类。
   A. 工作方式   B. 工作原理
   C. 测量的导航定位参量   D. 用户获得的导航定位数据
2. GPS 卫星导航系统是_____导航系统。
   A. 近距离   B. 远距离   C. 中距离   D. 全球
3. GPS 卫星导航系统是一种_____卫星导航系统。
   A. 多普勒   B. 测距   C. 有源   D. 测角
4. GPS 卫星导航仪可为_____定位。
   A. 水上、水下   B. 水下、空中
   C. 水面、海底   D. 水面、空中
5. 卫星的导航范围可延伸到外层空间,指的是从_____。
   A. 地面   B. 水面
   C. 近地空间   D. A + B + C
6. GPS 卫星导航系统可为船舶在_____。
   A. 江河、湖泊提供定位与导航   B. 港口及狭窄水道提供定位与导航
   C. 近海及远洋提供定位与导航   D. A + B + C
7. GPS 卫星导航可提供全球、全天候、高精度、_____。
   A. 连续、不实时定位与导航   B. 连续、近于实时定位与导航
   C. 间断、不实时定位与导航   D. 间断、近于实时定位与导航
8. GPS 卫星导航系统由_____部分组成。
   A. 2   B. 3   C. 4   D. 5
9. 卫星信号的覆盖面积主要取决于_____。
   A. 发射功率   B. 卫星天线高度
   C. 轨道高度   D. 地面接收站的高度
10. GPS 卫星包括_____种类型。
    A. 3   B. 4   C. 5   D. 6
11. GPS 卫星导航系统由_____颗卫星组成。
    A. 24   B. 18   C. 32   D. 48
12. GPS 卫星分布在_____个轨道上。
    A. 3   B. 6   C. 18   D. 27
13. GPS 卫星的轨道高度为_____千米。
    A. 1946   B. 1948   C. 1100   D. 20200

14. GPS 卫星导航系统发射的 L1 信号的频率由_____码调制。
    A. P B. Y 和 P C. CA D. CA 和 P
15. GPS 卫星导航系统各颗卫星发射的_____不同。
    A. 频率 B. 伪码 C. 时间 D. 幅度
16. GPS 卫星导航仪中所使用的 CA 码是一种_____。
    A. 快速、短周期的伪随机二进制序列码
    B. 慢速、短周期的伪随机二进制序列码
    C. 快速、长周期的伪随机二进制序列码
    D. 慢速、长周期的伪随机二进制序列码
17. 在 GPS 卫星导航系统中 CA 码的码率为_____。
    A. 1602 兆赫 B. 1246 兆赫
    C. 1.023 兆赫 D. 10.23 兆赫
18. GPS 卫星导航系统中所使用的 P 码是_____的伪随机码。
    A. 快速、短周期 B. 低速、短周期
    C. 低速、长周期 D. 快速、长周期
19. 从 GPS 卫星信号中可以提取_____。
    A. 多普勒频移信息 B. 卫星轨道参数
    C. 对流层折射误差 D. A + B + C
20. GPS 卫星导航仪在定位过程中根据_____识别各颗 GPS 卫星。
    A. 伪码 B. 频率
    C. 莫尔斯码呼号 D. 时间顺序
21. 单频道 CA 码 GPS 卫星导航仪所接收的载波频率是_____。
    A. 1227.60 兆赫 B. 1750~1850 兆赫
    C. 2200~2300 兆赫 D. 1575.42 兆赫
22. 卫星测距定位确定船位的方法是测量_____。
    A. 用户到卫星的距离 B. 用户到卫星的距离差
    C. 用户到卫星的距离和 D. A + B + C
23. GPS 卫星导航仪测得的距离不是用户到卫星的真正距离,其中包括_____。
    A. 卫星时钟偏差
    B. 信号传播误差(电离层折射误差,对流层折射误差)
    C. 用户时钟偏差
    D. A + B + C
24. 船舶利用 GPS 卫星导航仪进行二维定位时,至少选择_____颗 GPS 卫星。
    A. 3 B. 4 C. 6 D. 11
25. 在进行三维定位中,至少需_____颗 GPS 卫星。
    A. 2 B. 3 C. 4 D. 5
26. 在进行二维定位中,至少需_____颗 GPS 卫星,其中第 3 颗卫星用来估算出_____偏差。

A.4;用户时钟 B.3;用户时钟
C.4;卫星时钟 D.3;卫星时钟

27. GPS卫星导航系统测速原理核心问题讲的是测＿＿＿＿＿求速度。
A.伪距离 B.伪距离差
C.多普勒频移 D.多普勒频移积分值

28. 卫星升起时,接收到的频率＿＿＿＿＿发射频率,且逐渐＿＿＿＿＿。
A.低于;增加 B.低于;减小
C.高于;增加 D.高于;减小

29. GPS卫星导航仪定位误差的大小与下列＿＿＿＿＿因素有关。
A.卫星几何图形 B.测距误差的大小
C.操作者的熟练程度 D.卫星几何图形与测距误差的大小

30. GPS卫星导航仪定位误差的大小与卫星几何图形及测距误差的大小有关;伪测距误差×HDOP为＿＿＿＿＿误差。
A.位置 B.水平位置 C.高程 D.钟差

31. GPS卫星导航系统中,精度几何因子为＿＿＿＿＿。
A. GDOP B. HDOP C. VDOP D. PDOP

32. GPS卫星导航系统中,时钟偏差因子为＿＿＿＿＿。
A. HDOP B. TDOP C. PDOP D. VDOP

33. GPS卫星导航系统中,水平方向精度几何因子为＿＿＿＿＿。
A. GDOP B. TDOP C. HDOP D. VDOP

34. 在GPS卫星导航系统中,二维位置精度几何因子是＿＿＿＿＿。
A. HDOP B. VDOP C. TDOP D. PDOP

35. GPS卫星导航系统中,高程精度几何因子为＿＿＿＿＿。
A. GDOP B. HDOP C. PDOP D. VDOP

36. 在GPS卫星导航系统中,三维位置精度几何因子是＿＿＿＿＿。
A. HDOP B. VDOP C. TDOP D. PDOP

37. 对于1纳秒导航精度,其时间误差相当于距离误差为＿＿＿＿＿。
A.300000000米 B.300米 C.0.3米 D.0.03米

38. 在GPS卫星导航系统中,量化误差属于＿＿＿＿＿。
A.几何误差 B.卫星导航仪误差
C.信号传播误差 D.卫星误差

39. 在GPS卫星导航系统中,卫导仪噪声属于＿＿＿＿＿。
A.卫星误差 B.信号传播误差
C.卫星导航仪误差 D.几何误差

40. 在GPS卫星导航系统中,导航仪通道间偏差属于＿＿＿＿＿。
A.卫星误差 B.信号传播误差
C.几何误差 D.卫星导航仪误差

41. GPS卫星导航仪误差有＿＿＿＿＿。

A. 星历表误差,卫星钟剩余误差和群延迟误差
B. 导航仪通道间偏差,导航仪噪声及量化误差
C. 电离层折射误差,对流层折射误差和多径效应
D. 水平位置误差,高程误差和钟差误差

42. 在 GPS 卫星导航系统中,电离层折射误差属于_____。
   A. 信号传播误差   B. 几何误差
   C. 卫星误差   D. 卫星导航仪误差

43. GPS 卫星导航仪所输入的天线高度是指从_____至 GPS 卫星导航仪天线的高度。
   A. 大地水准面   B. 平均海面
   C. 船舶吃水线   D. 船舶甲板

44. GPS 卫星导航仪天线高度误差引起的 GPS 定位误差,随着 GPS 卫星仰角的增大而_____。
   A. 减小   B. 增大
   C. 不变   D. 有时增大,有时变小

45. GPS 卫星导航系统发射两种频率的目的是供给_____频道接收机消除_____的影响。
   A. 单;对流层折射   B. 单;电离层
   C. 双;对流层   D. 双;电离层

第三章　船用测深仪

1. 回声测深仪发射的是_____。
   A. 音频声波脉冲   B. 音频声波连续波
   C. 连续超声波   D. 超声波脉冲

2. 船用回声测深仪采用超声波进行测深,其主要优点是_____。
   A. 传播速度高   B. 能量损耗小
   C. 抗可闻声干扰性好   D. 绕射性强

3. _____样的海底底质对超声波反射能力最差。
   A. 淤泥   B. 岩石   C. 碎石   D. 沙

4. 回声测深仪实际上是测定超声波往返海底的_____。
   A. 速度   B. 深度   C. 时间   D. 距离

5. 在回声测深仪中,向海底发射超声波脉冲的设备是_____。
   A. 发射振荡器   B. 脉冲宽度发生器
   C. 发射换能器   D. 显示器

6. 船用回声探测仪在设计制造时,以_____ m/s 作为标准声速,对水中声速影响最大的是_____。
   A. 330;温度   B. 1500;含盐量

C. 330；含盐量　　　　　　　　　　　D. 1500；温度

7. 下列_____因素与声波在海水中的传播速度无关。
   A. 声源的振动频率　　　　　　　B. 海水的温度
   C. 海水含盐量　　　　　　　　　D. 海水静压力

8. 回声测深仪发射的是_____。
   A. 音频声波脉冲　　　　　　　　B. 音频声波连续波
   C. 连续超声波　　　　　　　　　D. 超声波脉冲

9. 船用回声测深仪采用超声波进行测深，其主要优点是_____。
   A. 传播速度高　　　　　　　　　B. 能量损耗小
   C. 抗可闻声干扰性好　　　　　　D. 绕射性强

10. 回声测深仪换能器的安装位置，一般应选择在_____。
    A. 靠近机舱处　　　　　　　　　B. 船中向后(1/2～1/3)船长处
    C. 距船首(1/2～1/3)船长处　　　D. 靠近船首处

11. 船用回声测深仪换能器的工作面与船底水平面的偏差角为_____。
    A. 0.5°　　　B. 1°　　　C. 1.5°　　　D. 2°

12. 回声测深仪的测量深度与_____因素无关。
    A. 发射触发重复周期　　　　　　B. 触发脉冲宽度
    C. 发射功率　　　　　　　　　　D. 发射触发方式

13. 回声测深仪的最小测量深度取决于_____。
    A. 脉冲周期　　　　　　　　　　B. 发射频率
    C. 声波传播速度　　　　　　　　D. 发射脉冲宽度

14. 回声测深仪换能器的工作面不能涂油漆，是因为油漆_____，会影响测深仪正常工作。
    A. 腐蚀换能器的测深工作面　　　B. 对换能器工作面起隔离作用
    C. 使换能器工作面及其周围形成气泡　D. 对声能的吸收很大

15. 船用回声测深仪的基线误差是_____。
    A. 发射和接收换能器之间的距离引起的误差
    B. 船舶吃水计算不准引起的误差
    C. 换能器不在龙骨上引起的误差
    D. A、B、C 均是

16. 对发射与接收换能器相分离的回声测深仪，当在浅水区进行测深时，应修正_____误差。
    A. 零点　　　　　　　　　　　　B. 基线
    C. 声速　　　　　　　　　　　　D. 海底斜面

17. 在水深大于_____米时，回声测深仪的基线误差可忽略不计。
    A. 5　　　B. 10　　　C. 8　　　D. 15

18. 船舶进出港或在狭水道航行时，应接通测深仪的危险深度警报开关，警报深度的设定应根据_____。

A. 船舶吃水　　　　　　　　　　　　B. 航道底质
C. 所需的富余水深　　　　　　　　　D. 船舶吃水、航道底质和所需富余水深

19. 下述有关回声测深仪的说法中，_____是不正确的。
    A. 测深仪的最小测量深度取决于发射脉冲宽度
    B. 风浪大，船舶摇摆剧烈时将无法进行测深
    C. 浅水测深时，应以回波信号带的后沿读出水深
    D. 船舶长期停泊，应每隔半个月对测深仪通电一次

20. 回声测深仪的磁致伸缩接收换能器，在初次使用前或较长时间没有使用，必须对其进行_____，否则，测深仪不能正常工作。
    A. 滞化　　　　B. 磁化　　　　C. 极化　　　　D. 激化

第四章　船用计程仪

1. 电磁计程仪所测定的航速和航程是船舶相对于_____的速度和航速。
   A. 风和流　　　　　　　　　　　B. 水
   C. 海底　　　　　　　　　　　　D. 以上均错

2. 电磁计程仪用于测速的器件是_____。
   A. 换能器　　　　　　　　　　　B. 电磁传感器
   C. 皮托管　　　　　　　　　　　D. 光电传感器

3. 电磁计程仪的传感器目前常用的主要有_____。
   A. 电磁式　　　　　　　　　　　B. 动压式
   C. 平面式　　　　　　　　　　　D. 电致式

4. 电磁计程仪的平面式传感器不能安装在测深仪换能器的_____。
   A. 前方　　　　B. 后方　　　　C. 左侧　　　　D. 右侧

5. 多普勒计程仪是应用多普勒效应进行测速和累计航程的，当超声波声源与接收者相互靠近时，接收者接收到的声波频率与声源频率相比_____。
   A. 变大　　　　B. 变小　　　　C. 相等　　　　D. 无影响

6. 在多普勒计程仪中，不使超声波发射方向与航速方向相垂直（即发射波束俯角≠90°）的原因是_____。
   A. 减少纵向摇摆误差　　　　　　B. 减少上下颠簸误差
   C. 便于接收反射回波　　　　　　D. 垂直时不产生多普勒效应

7. 多普勒计程仪在船底安装有_____。
   A. 电磁传感器　　　　　　　　　B. 声电换能器
   C. 电磁波辐射器　　　　　　　　D. 水压管

8. 目前多普勒计程仪采用双波束系统的目的是为了_____的影响。
   A. 消除海底的性质不同给反射带来
   B. 抑制海洋噪声
   C. 克服声能被吸收的现象

85

D. 消除风浪所引起的船舶垂直运动和船舶摇摆

9. 多普勒计程仪发射波束俯角大多取_____。
   A. 30°　　　　　　B. 60°　　　　　　C. 90°　　　　　　D. 180°

10. 声速的变化对_____计程仪的测速精度有影响。
    A. 多普勒　　　　　　　　　　　　B. 声相关
    C. A 和 B 对　　　　　　　　　　D. A 和 B 错

11. 声相关计程仪是应用相关技术处理_____来测量船舶航速和航程的仪器。
    A. 回波相位差　　　　　　　　　　B. 水声信息
    C. 多普勒频移　　　　　　　　　　D. 电磁波信号

12. 声相关计程仪发射超声波的传播方向是_____。
    A. 水平向前和向后　　　　　　　　B. 向前下方和后下方
    C. 垂直向下　　　　　　　　　　　D. A 或 B 或 C 均可

13. 应用测量下列_____原理的计程仪叫声相关计程仪。
    A. 感应电动势　　　　　　　　　　B. 水压力
    C. 多普勒频移　　　　　　　　　　D. 相关延时

14. 声相关计程仪的测量精度主要取决于相关延时 τ，而与下列_____无关。
    A. 水流速度　　　　　　　　　　　B. 船速
    C. 声速　　　　　　　　　　　　　D. 两接收换能器间距

15. 声相关计程仪不仅用于计程,而且可用来_____。
    A. 测量水深　　　　　　　　　　　B. 探测海底性质
    C. 测量鱼群　　　　　　　　　　　D. 测危险物方位

16. 声相关计程仪的特点是测量精度不受_____的影响。
    A. 海洋噪声　　　　　　　　　　　B. 海底性质
    C. 声能吸收　　　　　　　　　　　D. 水温和盐度

17. 能够避免声速变化而引起测量误差的水声导航仪器是_____。
    A. 多普勒计程仪　　　　　　　　　B. 声相关计程仪
    C. 回声测深仪　　　　　　　　　　D. A、B、C 均是

18. 只能反映出风对船舶速度的影响而无法反映水流对船速的影响的计程仪为_____。
    A. 电磁计程仪　　　　　　　　　　B. 绝对计程仪
    C. 声相关计程仪　　　　　　　　　D. 多普勒计程仪

19. 绝对计程仪与相对计程仪的主要区别是_____。
    A. 适用航速大　　　　　　　　　　B. 可测对地速度
    C. 可以测深　　　　　　　　　　　D. 可测横向速度

20. 能够测定船舶前进,后退速度又能测定船舶横移速度的计程仪是_____。
    A. 声相关计程仪　　　　　　　　　B. 电磁计程仪
    C. 多普勒计程仪　　　　　　　　　D. 多普勒计程仪和声相关计程

21. 能够指示航速、航程和水深的计程仪是_____。

    A. 电磁计程仪　　　　　　　　　　B. 多普勒计程仪
    C. 水压计程仪　　　　　　　　　　D. 声相关计程
22. 绝对计程仪所测定的航速是_____。
    A. 船舶相对于水的速度　　　　　　B. 船舶相对于地的速度
    C. 船舶相对于流的速度　　　　　　D. A 和 C
23. 对于目前船用的多普勒计程仪,下面说法中最恰当的是_____。
    A. 测量船舶对地速度
    B. 测量船舶对水速度
    C. 浅水测量船对地速度,深水可测量船对水速度
    D. 深水测量船对地速度,浅水测量船对水速度
24. 下列_____计程仪可测船舶左右移动速度。
    A. 电磁计程仪　　　　　　　　　　B. 多普勒计程仪
    C. 声相关计程仪　　　　　　　　　D. B＋C
25. 目前多普勒计程仪和声相关计程仪,均可工作在_____状态。
    A. 横向跟踪,纵向跟踪　　　　　　B. 记录显示,闪光显示
    C. 机械方式,电气方式　　　　　　D. 水层跟踪,海底跟踪

第五章　船用 VHF 无线电通信

1. VHF 双值班守听频道是_____。
    A. 16 频道和 70 频道　　　　　　B. 16 频道和任选一频道
    C. 6 频道和任选一频道　　　　　　D. 70 频道和任选一频道
2. VHF 无线电通信设备是实现_____通信的主要设备。
    A. 远距离无线电通信　　　　　　　B. 中距离无线电通信
    C. 近距离无线电通信　　　　　　　D. B 或 C
3. VHF 系统的双值守是指_____。
    A. CH70 值守和 VHF CH16 的双值守　　B. CH70 值守和 VHF DSC 的双值守
    C. 16 和任一非 16 信道的双值守　　　　D. 以上都不对
4. VHF 设备的话筒有一个按压开关(PTT),此开关的作用是_____。
    A. 按下此开关,接收机工作,发射机不工作
    B. 按下此开关,接收机不工作,发射机工作
    C. 按下此开关,接收机和发射机都不工作
    D. 松开此开关,接收机和发射机都不工作
5. VHF 中,静噪电路的作用为_____。
    A. 限制低信噪比的信号通过　　　　B. 减小接收机内部噪声
    C. 提高接收机的选择性　　　　　　D. 提高中高频的增益
6. 在 VHF 电话通信中,如果两个船台都选用了双工信道,则通信结果为_____。
    A. 两台只能收听对方讲话　　　　　B. 一方正常收发、一方只能收听

C. 两台都听不到对方讲话　　　　　　　　D. 两台正常通信

7. AIS 工作在_____频段。
   A. VHF　　　　B. SHF　　　　C. HF　　　　D. UHF

8. 船用 VHF 设备的发射功率最大为_____。
   A. 25W　　　　B. 1W　　　　C. 40W　　　　D. 50W

9. 使用 VHF 设备选用单工频道进行常规无线电话通信，通常用于_____通信。
   A. 船—岸　　　B. 船—船　　　C. 岸—船　　　D. 任意

10. VHF DSC 发射遇险序列的信道是_____。
    A. CH16　　　　　　　　　　　B. CH70
    C. CH13　　　　　　　　　　　D. A 与 B 均可

11. VHF 可以完成的功能有_____。①船对岸、岸对船报警；②船对船报警；③搜救现场通信；④船与岸间常规通信。
    A. ①②　　　　B. ③④　　　　C. ①②③④　　　D. ②③④

12. 岸台 VHF 无线电话机输出功率为_____。
    A. 25W　　　　B. 1W　　　　C. 40W　　　　D. 50W

13. 在内河上，8 频道（156.4MHz）是_____。
    A. 可以随意使用　　　　　　　B. 长江航道信号台专用频率
    C. 遇险频道　　　　　　　　　D. 没有特殊规定

14. 航行期间 VHF 无线电话的使用注意事项_____。
    A. 船靠码头后不需使用时，可以关机
    B. 严禁在机上讲私话，通话要简明扼要，仅限于船舶安全、生产等业务，防止泄漏国家机密
    C. 使用船用甚高频无线电话，必须根据有关无线电话管理文件有关规定办理
    D. 以上都是

15. VHF 无线电话通信功能包括_____。
    A. 港口引航、船舶动态业务　　　B. 公众通信
    C. 驾驶台对驾驶台及现场通信　　D. A + B + C

16. SQL 按钮的作用是_____。
    A. 控制通话音量　　　　　　　B. 控制通信距离
    C. 提高接收机的选择性　　　　D. 旋转设置静噪级别

17. VOL 按钮的作用是_____。
    A. 控制通话音量　　　　　　　B. 旋转打开和关闭收发器的电源
    C. 旋转设置静噪级别　　　　　D. A 和 B

18. DISTRESS 键的作用是_____。
    A. 按住 5 秒会发送遇险报警信号　B. 通信按键
    C. 设置静噪　　　　　　　　　D. 正常呼叫键

19. 内河船舶 VHF 通常有三种制式主管机关要求船舶与交管中心的联系必须采用_____。

A. 国际制式"I" B. 美国制式"U"
C. 加拿大制式"C" D. 没有特殊要求

20. 静噪控制的要求是_____。
A. 听不到声音时为准 B. 当噪声刚好消失时为宜
C. 应该将静噪控制按钮旋转到底 D. 没有特殊要求

第六章 船舶自动识别系统(AIS)

1. 船载 AIS 设备中,能够提供精确船位信息的设备是_____。
A. ARPA B. GPS 导航仪或北斗系统
C. VHF D. DF

2. AIS 自动播发的船舶信息中包括船舶的_____信息。
A. 静态 B. 动态
C. 与航行安全有关 D. 以上全部

3. AIS 的主要功能有_____。
A. 自动播发 AIS 信息 B. 自动接收 AIS 信息
C. 以标准界面输出 AIS 信息 D. A + B + C

4. AIS 可以用于船与船之间的_____。Ⅰ. 识别;Ⅱ. 监视;Ⅲ 避碰;Ⅳ 定位;Ⅴ 通信。
A. Ⅰ~Ⅲ B. Ⅰ、Ⅲ、Ⅳ C. Ⅰ~Ⅳ D. Ⅰ~Ⅴ

5. AIS 播发和接收信息的方式是_____。
A. 人工连续 B. 自动连续 C. 人工定时 D. 自动定时

6. AIS 可以提高_____的效率。
A. 操纵 B. 搜索救助 C. 分道通航 D. 进出港

7. 船载 AIS 设备中,能够提供航向信息的设备是_____。
A. 雷达 B. GPS 导航仪 C. VHF D. 罗经

8. AIS 用于船舶避碰,可以克服雷达避碰的_____的缺陷。
A. 盲区 B. 量程 C. 显示方式 D. 运动模式

9. AIS 用于船舶避碰,可以克服雷达避碰的_____的缺陷。
A. 量程 B. 物标遮挡 C. 显示方式 D. 运动模式

10. AIS 用于船舶避碰,可以克服雷达避碰的_____的缺陷。
A. 显示方式 B. 量程 C. 假回波 D. 运动模式

第七章 船 用 雷 达

1. 船用导航雷达发射的电磁波属于哪个波段_____。
A. 长波 B. 中波 C. 短波 D. 微波

2. 船用导航雷达可以测量船舶周围水面物标的_____。

  A. 方位、距离   B. 距离、高度

  C. 距离、深度   D. 以上均可

3. 船用导航雷达显示的物标回波的大小与物标的_____有关。

  A. 总面积   B. 总体积

  C. 迎向面垂直投影   D. 背面水平伸展的面积

4. 船用导航雷达发射的电磁波遇到物标后，可以_____。

  A. 穿过去   B. 较好的反射回来

  C. 全部绕射过去   D. 以上均对

5. 造成雷达图像与物标形状不符的原因是_____。

  A. 被高大物标遮挡   B. 雷达分辨力差

  C. 聚焦不佳   D. 以上三者都是

6. 海图上是连续的岸线，而在雷达荧光屏上变成断续的回波，其原因可能是_____。

  A. 被中间的较高的物标所遮挡   B. 由于部分岸线地势较低

  C. 可能有部分岸线处在阴影扇形内   D. 以上均可能

7. 过江电缆的雷达回波常常是_____。

  A. 一个点状回波   B. 一条直线回波

  C. 一条虚线状回波   D. 以上均可以

8. 造成过江电缆的雷达回波是一个亮点的原因是_____。

  A. 距离太远   B. 电缆太细

  C. 电缆表面很光滑   D. 电缆表面太粗糙

9. 快速物标（如飞机等）的雷达回波常常是_____。

  A. 连续的一条亮线   B. 跳跃式的回波

  C. 与通常速度的船舶一样   D. 与小岛等回波一样

10. 在雷达荧光屏局部区域上出现的疏松的棉絮状一片的干扰波是_____。

  A. 雨雪干扰   B. 噪声干扰

  C. 海浪干扰   D. 同频干扰

11. 雷达荧光屏上的雨雪干扰图像特征是_____。

  A. 辐射状点线   B. 满屏幕的散乱光点

  C. 密集点状回波群，如棉絮团一样   D. 屏中心附近的辉亮固定

12. 雷达荧光屏上的雨雪干扰的强弱决定于_____。

  A. 雨雪区的分布面积   B. 雨雪区的体积

  C. 雨雪区迎向面面积   D. 以上都不是

13. 雷达荧光屏上的雨雪干扰的强弱决定于_____。

  A. 雨区面积的大小   B. 降雨量的大小

  C. A+B   D. 以上均不对

14. 用雷达为探测雨雪区域中的物标，在使用 FTC 后，还应_____。

  A. 适当加大增益   B. 适当减小增益

  C. 使用 STC   D. B+C

15. 用雷达探测雨雪区域中的物标,FTC 及增益钮的正确用法是_____。
    A. 使用 FTC,适当减小增益 B. 使用 FTC,适当增大增益
    C. 关掉 FTC,适当减小增益 D. 关掉 FTC,适当增大增益
16. 在雷达荧光屏中心附近出现的鱼鳞状亮斑回波,是_____。
    A. 海浪干扰 B. 雨雪干扰
    C. 某种假回波 D. 以上均可能
17. 在雷达荧光屏中心附近出现的圆盘状亮斑回波,越往外越弱,它是_____。
    A. 强海浪干扰 B. 雨雪干扰
    C. 某种假回波 D. 以上都可能
18. 雷达的海浪干扰的强度与距离的关系是_____。
    A. 距离增加时,强度急剧减弱 B. 距离增加时,强度急剧增加
    C. 距离增加时,强度缓慢减弱 D. 以上均不对
19. 雷达荧光屏上海浪干扰强弱与风向的关系为_____。
    A. 上风舷弱 B. 上风舷强
    C. 下风舷强 D. 与风向无关
20. 雷达使用 STC 后,应特别注意_____。
    A. 近距离小物标回波可能丢失 B. 远距离小物标回波可能丢失
    C. A + B D. 对物标回波强度无影响
21. 产生雷达同频干扰的条件是_____。
    A. 两部雷达均属同一频段 B. 两部雷达相距较近
    C. 两部雷达同时工作 D. A + B + C
22. 使用远量程档时,雷达同频干扰图像是_____。
    A. 散乱光点 B. 螺旋线状光点
    C. 辐射状光点 D. 以上均不对
23. 使用近量程档时,雷达同频干扰图像是_____。
    A. 散乱光点 B. 螺旋线状光点
    C. 辐射状光点 D. 以上均不对
24. 抑制或削弱雷达同频干扰的方法是_____。
    A. 使用同频干扰抑制器 B. 改用较小量程
    C. 改用另一频段的雷达 D. 以上均可
25. 当雷达荧光屏上出现严重电火花干扰时,你应该采取_____措施。
    A. 减小扫描亮度,继续使用 B. 减小增益,继续使用
    C. 关掉雷达,修复后再用 D. 将雷达报废
26. 雷达出现间接反射回波的必要条件是_____。
    A. 附近存在强反射体 B. 天线有足够大的增益
    C. 发射功率要足够大 D. 天线旁瓣要大
27. 在雷达阴影扇形内出现回波时,你应采用_____方法判断其真假。
    A. 暂时改变航向 B. 利用 STC 旋钮

C. 减小增益　　　　　　　　　　D. 改变量程

28. 雷达荧光屏上的间接反射回波通常出现在_____。
    A. 阴影扇形内　　　　　　　　B. 船首标志线上
    C. 船尾线方向上　　　　　　　D. 盲区内

29. 雷达荧光屏上间接反射回波的距离等于_____。
    A. 物标的实际距离　　　　　　B. 物标到间接反射体的距离
    C. 间接反射体到天线的距离　　D. B + C

30. 雷达荧光屏上可能出现多次反射回波的条件是_____。
    A. 物标距离较近　　　　　　　B. 物标反射强度较强
    C. A + B　　　　　　　　　　　D. 不需要特殊要求

31. 雷达荧光屏上多次反射回波的特点是_____。
    A. 在同一方向上　　　　　　　B. 距离间隔均等于真回波距离
    C. 越往外面,回波越弱　　　　D. A + B + C

32. 雷达抑制多次反射回波的方法是_____。
    A. 使用 STC 钮　　　　　　　　B. 适当减小增益
    C. 使用 FTC 钮　　　　　　　　D. B + C

33. 雷达荧光屏上可能出现旁瓣回波的条件是_____。
    A. 近距离　　　　　　　　　　B. 中距离
    C. 远距离　　　　　　　　　　D. 三者都可能

34. 达荧光屏上旁瓣回波的特点是_____。
    A. 距离等于真回波距离　　　　B. 对称分布于真回波两侧
    C. 越向两侧强度越弱　　　　　D. A + B + C

35. 在雷达荧光屏上,在一个强回波两侧等距圆弧上对称分布的若干回波点,它们是_____。
    A. 二次扫描回波　　　　　　　B. 多次反射回波
    C. 间接反射回波　　　　　　　D. 旁瓣回波

36. 雷达抑制旁瓣回波的方法是_____。
    A. 适当使用 STC　　　　　　　 B. 适当减小增益
    C. 适当使用 FTC　　　　　　　 D. 以上均可

37. 雷达荧光屏上可能出现二次扫描假回波的大气传播条件是_____。
    A. 欠折射　　　　　　　　　　B. 超折射
    C. 气压较低的天气　　　　　　D. 存在较低的雨层云

38. 雷达荧光屏上二次扫描回波的特点是_____。
    A. 方位是物标的实际方位
    B. 距离等于实际距离减去 $CT/2$
    C. 回波形状严重失真
    D. A + B + C (注:T 为脉冲重复周期)

39. 远处直岸线在雷达荧光屏上变成向扫描中心凸出的回波,它是_____。

A. 二次扫描假回波　　　　　　　　　B. 雷达存在测距误差

C. 雷达存在方位误差　　　　　　　　D. B + C

40. 在雷达荧光屏上判断是否是二次扫描回波的方法是_____。

    A. 改变航向　　　　　　　　　　　B. 改变量程段

    C. 进一步调谐　　　　　　　　　　D. 适当改变增益

41. 改变量程段时,雷达荧光屏上二次扫描回波将_____。

    A. 方位改变

    B. 距离改变

    C. 改变在屏上的位置,但测得的距离不变

    D. A + B

42. 在用雷达进行狭水道导航时,量程应该_____。

    A. 不宜改变

    B. 尽量用小量程

    C. 尽量用大量程

    D. 据航道、航速、船舶密度、视距等适当选用

43. 用雷达进行狭水道导航时,以下_____是不对的。

    A. 准备好雷达

    B. 准备好航线的有关资料

    C. 通知机舱准备好主机

    D. 驾驶员只应全力进行在雷达荧光屏上的观测

44. 在雷达荧光屏上显示的回波_____。

    A. 都是实际物标的回波

    B. 有真回波,也有假回波和干扰杂波

    C. 都是假回波

    D. 都是干扰回波

45. 船用导航雷达可以测量船舶周围物标的_____。

    A. 方位、距离　　　　　　　　　　B. 高度、厚度

    C. 水下深度　　　　　　　　　　　D. A + B + C

46. 下述说法中_____是正确的。

    A. 只要物标确实在水面上存在,它的回波就能在雷达荧光屏上稳定显示

    B. 只要雷达功率足够大,不管物标多远,都能探测到它

    C. 只要天线与物标间无阻挡,不管多远的物标都能探测到它

    D. 雷达只能探测一定距离范围内且具有一定条件的物标

参 考 文 献

[1] 关政军.航海仪器(上册:船舶导航设备)[M].大连:大连海事大学出版社,2009.
[2] 刘彤.航海仪器(下册,船舶导航雷达)[M].大连:大连海事大学出版社,2016.
[3] 陈宇里.航海仪器[M].上海:上海浦江教育出版社,2012.
[4] 陆文兴.航海仪器[M].大连:大连海事大学出版社,2000.
[5] 任松涛.航海仪器操作与维护[M].大连:大连海事大学出版社,2014.
[6] 赵学军,刘永利.雷达操作与应用[M].大连:大连海事大学出版社,2015.
[7] 杨学辉,刘芳武.船舶管理[M].大连:大连海事大学出版社,2016.
[8] 范晓飚.内河船舶船员实际操作技能手册(驾驶分册)[M].大连:大连海事大学出版社,2017.
[9] 魏云雨.船舶信号与VHF通信[M].大连:大连海事大学出版社,2008.
[10] 中华人民共和国长江海事局.长江内河船舶安全检查实务[M].武汉:武汉理工大学出版社,2016.
[11] 中华人民共和国内河船舶船员适任考试大纲[M].大连:大连海事大学出版社,2016.
[12] 汪志斌.GPS卫星演进路线与发展趋势[J].上海信息化,2016(11):69-73.
[13] 邓中亮,朱棣,葛悦涛.美国GPS新动态及其对未来战争的影响[J].飞航导弹,2017(10):31-36.
[14] 冉承其.北斗卫星导航系统运行与发展[J].卫星应用,2017(8):13-16.
[15] 吴崇善.正确认识和应用"北斗一号"导航定位系统(一)[J].当代通信,2004(7):40-42.